新渡戸稲造の人間道

『自警録』『修養』に学ぶ日々の心得

Inazo Nitobe's Code of the Humanity

岬龍一郎
Misaki Ryuichiro

PHP

新渡戸稲造の人間道

――道徳の思想は高尚、その道理は遠大であろう。……（中略）

――これに反し、われわれの最も意を注ぐべき心掛《がけ》は平常毎日の言行――言行といわんよりは心の持ち方、精神の態度である。平常の鍛錬が成ればたまたま大々的の煩悶《はんもん》の襲い来る時にあたっても、解決が案外容易にできる。ここにおいてわが輩は日々の心得、尋常平生《じんじようへいぜい》の自戒をつづりて、自己の記憶を新たにするとともに同志の人々の考えに供したい。

（『自警録』序より）

――功名富貴《こうみようふうき》は修養の目的とすべきものでない。みずから省みていさぎよしとし、いかに貧乏しても、心のうちには満足し、いかに誹謗《ひぼう》を受けても、みずから楽しみ、いかに逆境に陥《おちい》っても、そのうちに幸福を感じ、感謝の念をもって世を渡ろうとする。それが、僕のここに説かんとする修養法の目的である。

（『修養』総説より）

はじめに

かつて日本は美しい国といわれてきた。
かつて日本人は礼儀正しい国民といわれてきた……。

今日の日本人の姿を見るとき、私たちはいまでもそういえるだろうか。やはり「かつて」という冠をかぶせざるをえないであろう。

私たちは戦後六十余年の歳月のなかで、なにを得て、なにをなくしてきたのだろうか。

たしかに、現在の日本は豊かになった。便利になった。だが高層ビルが建ち、携帯電話をたずさえ、インターネットで世界と結ばれるようになったからといって、私たちはほんとうの豊かさを、ほんとうの幸せを得ることができたのだろうか。

その昔、福沢諭吉は『文明論之概略』のなかで、「文明人とは人の身を安楽にして心を高尚にすることを言うなり。衣食をゆたかにして人品を貴くすることを言うなり」と述べたが、いまの日本人は、その生き方を高尚にするどころか下品になり、かつてあった「節義」や「惻隠《そくいん》の情」を置き去りにし、人間の尊厳さえも忘れようとしているのではないか。

西洋の「罪の文化」に対して、日本は「恥の文化」といわれてきたものだが、現在の日本人はその恥を知る「廉恥《れんち》心」を失ったばかりか、美徳といわれた「奥ゆかしさ」までなくしてしまっているのである。

どうしてこんな日本人になってしまったのか……。

健全な社会をつくり、美しい自己を確立しようとするとき、私は戦後の社会からほとんど消えてしまったひとつの言葉を思い出す。それは「修養」という言葉だ。いまふうにいうなら、「自分を磨く」といった人間学である。動物としての「ヒト」を「人間」たらしめるものは、この修養（人間学）にかかっているといってよい。

じつは、この修養について、世界的名著といわれる『武士道』を書いた、あの新渡戸《にとべ》稲造《いなぞう》博士が、さかんにこの修養論を説いていた。それが『修養』『世渡りの道』『自警録』といった本である。

私は新渡戸博士の『武士道』を翻訳し、その関連書も数冊出させてもらい、新渡戸研究は二十年ほどになるが、修養論や処世論といったものは意識的に避けてきた。なぜなら『武士道』を読めば、それらの真髄は網羅《もうら》されてあり、あらためて修養論でもなかろうと考えていたからだ。

だが、私が主宰《しゆさい》している塾の若い人たちから、

「武士道では難しすぎる。もっと日常的な人間学はないのか」

と問われ、そこであらためて博士の修養論の本を読み直してみたのだった。

これらの本は、新渡戸博士が当時の通俗雑誌であった『実業之日本』に連載されたものを、そのつどまとめたものである。高等教育を受けられなかった働く若者たちに向けて書かれたものなので、その言葉遣い、引用例も通俗的なもので、くどいほどやさしく書いてある。

だが現在《いま》となっては、このくどさとやさしさが読みにくさにつながり、引用例も古い。そこで、これらの本を熟読吟味《ぎんみ》して、新渡戸博士のいわんとする主旨をそこなわずに、私なりの解釈をふまえた修養論が、この「人間道」となった。

博士が『修養』の総説で述べていることをひと言でいえば、修養は豊かな人生と幸福を誘《いざな》う生活法ということである。「武士道」のきびしさとはかなり趣《おもむき》を異《こと》にするが、日々日常の人格形成の見地からすれば、若い人たちにとっては、この「人間道」のほうがより身近で、人生の処世訓となるはずである。

なお、本書の企画・編集にあたっては、ＰＨＰ研究所生活文化出版部の山口毅氏および関係各位にお世話になった。厚く御礼申し上げる。

平成十九年一月

岬　龍一郎

目次

「新渡戸稲造の人間道」

はじめに

序章 「新渡戸稲造」と「人間学」

第一章

「一人前の人間」になるということ

第二章 「もっとも強い人は自分に克つ」

第三章 「心を強くする工夫」

第四章 「人生の勝敗とはなにをいうのか」

第五章 「世間を広く渡る心がけ」

第六章 「順境と逆境の乗り越え方」

終章　「幸福」とはなにをいうのか

装幀――芦澤泰偉
書（装幀）――大蔵玉鷲
編集協力――月岡廣吉郎

序章
「新渡戸稲造と「人間学」」

かつて日本は「美しい国」であった

日本人が、その昔いかに〝美しい国民〟であったか、それを紹介するとき、私が好んで使っている話がある。

いまや多くの人が忘れてしまったが、それは、あの相対性理論で有名なアインシュタイン博士が、大正十一年（一九二二年）十一月、「桜の花咲く憧《あこが》れの国」として日本を訪れ、そのとき各地で行なった講演のなかでの話である。全部を紹介できないので、その一部分をランダムに掲げる。

「日本人は、これまで知りあったどの国の人よりも、うわべだけでなく、すべての物事に対して物静かで、控えめで、知的で、芸術好きで、思いやりがあってひじょうに感じがよい人たちです」

「日本人のすばらしさは、きちんとした躾《しつけ》や心のやさしさにある」

「この地球という星の上に今もなお、こんな優美な芸術的伝統を持ち、あのような素朴《そぼく》さと心の美しさをそなえている国民が存在している……」（以上、波田野毅著『世界の偉人たちが贈る日本賛辞の至言33撰』ごま書房）

アインシュタインが見た日本という国は大正時代のことであるが、かつての日本はこのような〝美しい国〟であったのだ。だが、不幸なことに、その翌年、日本は関東大震災に見舞われ、数年後に世界恐慌に巻き込まれたことから、太平洋戦争への道を突き進むのである。

アインシュタインが来日してから今日《こんにち》まで八十余年……。日本および日本人はあの戦《せん》禍《か》から高度成長を遂《と》げたというものの、美しい国は保たれているだろうか。純粋で静かな心は保たれているだろうか。そして、いま再びアインシュタインが訪れたとして、はたして同様の賛辞を贈ってくれるだろうか。

残念ながら、それらはすべて「ノー」であろう。それは連日のようにマスコミを騒がせている残酷な事件や、企業ならびに公務員による不正事件を見ればわかるとおりだ。とくに「人の上に立つ者」、すなわち政治家・官僚・企業経営者・教育者たちの倫理道徳観のなさは最低の部類といわざるをえなくなった。

たしかに、現在の日本は経済大国になった。だが、アインシュタインが訪れたころの、「きちんとした躾や心のやさしさ」「物事に対して物静かで、控えめで、知的で、芸術好きで……」といった品性は、いまやどこかに置き忘れられ、世界からは「エコノミック・アニマル」としての評価しか与えられていない。いうなれば戦後の日本は〝守《しゅ》銭奴《せんど》の国〟になってしまったのである。

なぜ、かつての日本は貧しいながらも、これほどまでに「美しい日本人」でありえたのか。逆にいえば、なぜわれわれ現代人は経済大国のなかにあって、自由と豊かさを享受《きょうじゅ》しながら「醜い日本人」になってしまったのか。

「かつて」と「いま」とではなにが変わったのだろうか。いまさらながら、そのギャップに驚くばかりである。

自分を高からしめる教育がなくなった

健全な社会をつくり、美しい自己を確立しようとするとき、もっとも必要とされるものはなにか。それは「自分を磨く」という人間学であり、それを裏付ける伝統的精神である。

かつてはこれを「修養」「修身」といって、人が人として保たなければならない「道徳」とか「躾」とかを、家庭や学校できびしく教えていた。だが戦後、日本を改造したGHQ（連合国軍総司令部）は、日本を軍国主義へ駆り立てた元凶をこの「修身教育」と考え、民主主義教育の美名のもとに排除してしまったのである。

日本人のほうも、豊かなアメリカに負けたことから、「精神」より「物質」だということで、修身教育で培《つちか》われた倫理道徳観を唾棄《だき》し、物質主義こそ幸福への道と、国をあげて邁進《まいしん》することになった。それが今日の状況である。

そして、その反動として、戦後日本人の道徳アレルギーが始まり、「修身・修養」をカビのはえた古くさいものと否定し、人間が本来、行動の規範として守らなければならない「道徳」すら捨ててしまったのだ。

その挙げ句、日本のインテリ層の主流は左翼思想にかぶれてしまったために、修身や修養といったものを通俗的と蔑《さげす》み、人間形成の基本的な教育にたずさわっていた学校の教師ですらその根本精神を忘れてしまい、経済至上主義に便乗した〝受験産業〟の加担者になってしまったのである。

だが、もともと〝人の倫《みち》〟を教えた修養や修身がまちがっていたわけではない。それを利用した軍部が誤っていたのであり、どのような時代でも、いかなる国家でも、動物としての「ヒト」を「人間」たらしめるには、自己研鑽《けんさん》としての修養は不可欠なのである。

本来、教育の三原則は「知育」「体育」「徳育」だといわれる。だが、知識は覚えればすむことだが、倫理道徳に関する徳育は知識よりも実践をともなうもので、理屈だけでは割り切れないものがある。それは、あの大哲学者カントが『純粋理性批判』につづいて『実践理性批判』を追加して書いたことからもわかる。

カントは『純粋理性批判』ですべての現象を理論的にわからせようと書いてはみたが、宗教道徳のことは理論だけでは説得できないとして『実践理性批判』を書いたのである。つまり、真理の探究とヒトを人間たらしめる道徳とは別次元の話であり、もともと教え方が違うのである。

知識は頭脳の問題だが、道徳は心と実践の問題である。「知っていても行なわなければ知らざると同じことなり」という言葉もあるように、修養は日々の行動のなかでやらなければならない事柄なのである。挨拶をきちんとするとか、整理整頓をするとか、時間を守るとか、そういった平凡な行動の積み重ねから始まって、他人を思い、社会を考え、どうすれば立派な人間になるのかを問う〝人間学〟といえるだろう。

文化は継承されなければ残らない

学問にしろ技術にしろ、あるいは伝統的精神にしろ、いわゆる文化は「承・活・伝」の法則にしたがって後世へ受け継がれていく。要するに、誰かが昔からの伝統を継承し、現実の生活においてそれを活かし、さらに後世へと伝えていくという作用がなければ、残ってはいかないのである。

たとえば、ひと昔前まで、日本人は勤勉な国民といわれてきた。では、「なぜ勤勉だったのか」と問うと、「貧しかったから」と答える人がいるが、はたしてそうか。現在でも日本より貧しい国はたくさんあるが、それらの国民がみんな勤勉かというと、そうとはかぎらない。

となれば、貧しさは決して勤勉の動機にはならないということになる。同じことは貯蓄に関してもいえる。この回答も多くの人は「社会保障が不備だから」というが、日本より社会保障が不備な国でも貯蓄率ゼロという国はたくさんある。

にもかかわらず、かつての日本人は世界的に見て「勤勉と貯蓄」を美徳として行なってきたのである。なにがそうさせたのか。端的にいってしまえば、それを生活習慣として高めた教育と、それに支えられた伝統的精神があったからである。

江戸時代の教養人である武士階級はいうまでもなく、町人学者といわれた伊藤仁斎《じんさい》、石田梅岩《ばいがん》、農村改革の先頭に立った二宮尊徳などたくさんの学者や思想家たちが、こうした人を人として高からしむるための〝人間学〟を指導してきたから伝わってきたのである。

そして、近代明治になって、封建制の身分制度が崩れたことから、個人の独立や立志が叫ばれるようになると、福沢諭吉を筆頭とする明六社《めいろくしゃ》のメンバーらがそれを受け継いだ。西洋列強の文明人に伍《ご》する日本人を養成するためにと、多くの思想家や教育者たちが、なにかにつけて人間としての「人の倫」(人間学)を説いてきたのである。

大ベストセラーとなった福沢諭吉の『学問のすゝめ』や中村正直訳の『西国立志編』(原題『セルフ・ヘルプ』)はそれらの先鞭《せんべん》であり、すこし遅れて出た森鷗外《おうがい》の『知恵袋』

や幸田露伴の『努力論』なども、いわば人間学の本であり、青年たちの修養を深めるための本だったのである。

そして明治の晩年から昭和に入ると「修養」という言葉が流行語になるほどで、大日本雄弁会講談社（いまの講談社）は『修養全集』という十二巻の大全集を出して、売れに売れ、今日の基礎を築いたといわれている。それほど戦前の日本人は自分を磨き高める生き方を模索していたといえる。

いいかえれば、すこし前の日本人たちは、「いかに立派な生き方をするか」「どう生きれば美しいのか」とみずからを戒《いまし》め薫陶《くんとう》していたのだった。アインシュタインが見た日本人は、こうした精神に培われた日本人だったのである。

『自警録』『修養』が書かれた理由

じつは、この心を鍛える修養や人間学において、前述の先人たちに優るとも劣らない影響を与えたのが、『自警録』や『修養』の著者である新渡戸稲造博士である。

明治四十一年（一九〇八年）十一月、博士は東京帝国大学教授を務めながら第一高等学校（現在の東大教養学部）の校長という職にあったとき、実業之日本社の増田社長に、「働く青少年の精神修養と人格鍛錬への力添え」を頼まれて、同社の編集顧問となった。そして大衆月刊誌『実業之日本』に毎月修養講話を連載し、それらをまとめて、立て続けに『修養』（明治四十四年）、『世渡りの道』（同四十五年）、『自警録』（大正五年）を発刊したのだった。

こうした通俗雑誌に、当時、最高の教養人でアカデミズムの牙城《がじょう》にいた新渡戸博士が書いたことに対して、一方では「通俗的だ」「東京帝国大学の教授ともあろうものが」と、とかくの批判があったようである。それに対して博士は『世渡りの道』の序文で、なぜ自分が修養講話を書いているのかということについて、次のように述べている。

「塵《ちり》の世にいるのでは修養が進まないといって隠退する人もいるが、実は本当の修養というのはそういうものではなくて、水鳥が水中に潜りながらもその羽毛は濡れないように、世の塵をかぶっていながらも、なおその垢《あか》に染まらぬ心が尊いのである。だから、自分は通俗的な本に通俗的なことを書くけれども、その精神は、そういうところに人間は住まなければならないのだ、孤独の山のなかに引っ込んでいるわけにはいかない、世俗通俗に交じりながらも立派な心を持ち続けなければならないのだ、という趣旨で書いているのである」

博士は、ただ学歴教養を誇っている象牙《ぞうげ》の塔の学者ではなかった。あのキリストが漁夫や税徴収者や売春婦のなかに入っていって、彼らを愛の精神で救ったように、博士自身も身を低くして、その心は大衆とともにあったのだ。

それゆえに、社会のなかで真剣に生きようとする勤労青少年たちの教養をすこしでも高め、視界を広くすることがほんとうの社会教育であるとの信念にもとづき、身近な生活のなかで起こる例をあげながら、つとめて平易《へいい》な言葉でこれらの本を書いたのである。

博士はつねに「学問のある人は、その任にある者がむつかしいことを説けばよい。私は、店員とか女中とかそういう人を対象として話をしている。こういう人たちに話をするには、自分が高いところに止まっていて、ここまで上がって来い、ではいけない。自分のほうから、彼らのところまで下りて行ってやらねばいけない」（松隈俊子著『新渡戸稲造』みすず書房）と語っていたそうだ。

それを裏付けるように、博士の愛する道歌（人生訓を詠んだ歌）に、というのがあるが、博士は自分が正しいと信じることを率直に述べ、世間の誤解や非難を気にすることなく、勉学する機会のない人びとのためにと、懇切《こんせつ》ていねいに「人の倫」を説いたのである。

そして、雑誌にこれらの人間学を掲載したときの自分の思いを次のように述べている。

「昔、博学で非常に優れた漢学者がいた。多くの本を読んで何一つわからないものがないほどの知識を得ていた。しかし、その学者には学問を活かして使う才能がなかったので、広く深い学識は〝宝の持ち腐れ〟に等しかった。やがて、この偉い学者もだんだん年をとっていき、記憶力が衰え、読んだ本も、見たこと聞いたこともことごとく忘れ、ついには人に挨拶されても彼がだれだかわからなくなった。世間の人はこの学者をあざ笑って『忘却先生』と呼んだという」

博士はこの話にいたく感じ入ったという。人ごとではないと。

自分もたくさんの本を読み、それなりの知識を蓄えてきた。だが、年齢も五十歳に近づいてくると、だんだん物忘れがひどくなる。本棚から本を抜き出して見ると、そのなかに昔読んだときの批評などが書き込んである。だが、いつこれを読んだのか忘れてしまっていた。自分もいずれ忘却先生のようになるのかと思うと、まことに遺憾《いかん》である。

そこでいま忘れないうちに、毎月二回、自分の経験から得た、生きるために必要なことを、とくに一人前の大人となる若者たちの人格を養うために、書きとどめておこうと思った。識者が見たら笑うべきことも多いだろうが、それはそれとして、忘却先生の二の舞にならぬよう努めていこうと思っていると。

こうした思いから、これらの本は生まれたのである。

現代人は偉人伝を読まなくなった

ところで、かくいう新渡戸博士の紹介だが、概略だけ先に述べるとこうなる。博士は日本が誇る第一級の国際人であり、偉大なる教育者であり、日本の文化を世界に広めた功労者である。さらにいえば、なによりも「国際平和の使者」と呼ばれた人である。

だが、戦後の日本人は偉人伝というものを読まなくなったせいか、残念なことに、いまや知る人ぞ知る人物となっている。

「樋口一葉の前の五千円札の人」といえば、「ああ」と思い出す人もいるが、その人となりまで知っている人はまれである。教養主義が残っていた団塊《だんかい》の世代までは常識として知られていたのであるが、最近の若者たちは、新渡戸博士にかかわらず〝日本人を創ってくれた恩人〟ともいうべき先師先哲の多くを忘れてしまっている。慶應義塾大学の学生が創設者の福沢諭吉を知らない、といわれるご時世である。

私はかつて『「日本人の名著」を読む』（致知出版社）という日本の思想家をやさしく解説した本を書き、いま有志たちと勉強会をやっているが、この本に出てくる中江藤《とう》樹《じゅ》、伊藤仁斎、新井白石《はくせき》、山本常朝《つねとも》、恩田木工《もく》、佐藤一斎《いっさい》などといった先哲たちを、多くの人が知らなかった。

とくに四十歳以下の人たちの知識教養度はぐーんと下がる。なかには「そんな人を知っていても、生活に関係ないから」と、平然という者さえいた。直接的な儲かることだけ知っていればいいという態度なのである。

だが、日本の歴史を知らなければ「日本の国柄《くにがら》」がわからないように、伝統的精神を知らなければ日本人としてのアイデンティティもなくなってしまうのである。要するにこの問題は、戦後という社会が金儲けを第一とする「いい生活」を求め、生き方の美しさを追求する「いい人生」を考えてこなかったことによるのである。

これらはひとえに個人の学問に対する姿勢の問題なのだが、具体的には読書量の低さと比例している。身体に栄養が必要なように、精神にも栄養が必要であり、精神の栄養は基本的には読書がいちばんである。

現代の子どもたちの読書量が減ったといわれているが、これはその親たちの読書量が減っているからである。「学ぶ」という語源は「真似る」から生じたといわれるように、子は親を見て育つのであり、親が本を読んでいなければ子どもがそれを真似るわけがないのだ。

先にも述べたように文化は伝統である。伝統は継承され、活かされて初めて、さらなる文化を産み出すものである。だが、それらの先人たちを知らないということになれば、その精神も思想も忘れ去られたということであり、このことが今日の道徳的荒廃《こうはい》を産み出した原因のひとつではないかと、私は思っている。

新渡戸稲造とはどんな人物か

そこでここでは、日本の恩人の一人でもある新渡戸博士を知ってもらうために、すこしくわしく経歴を紹介しておこう。

新渡戸稲造は文久二年（一八六二年）、明治政府が誕生する六年前、南部藩士（南部藩は南部氏の旧領地で、現在の青森・岩手・秋田県にまたがる地域）の三男として岩手県盛岡で生まれた。明治十年（一八七七年）、十六歳になったとき、祖父以来の開拓事業を引き継ぐために札幌農学校（北海道大学の前身）に入学。札幌農学校といえば誰もが思い出すように、「少年よ、大志を抱け！」で有名なウィリアム・クラーク博士が赴任《ふにん》していた学校である。

新渡戸博士の人生は、このクラーク博士の教えに大いなる影響を受けている。それは新渡戸をはじめ多くの生徒たちが、クラーク博士の提示した「イエスを信ずる者の誓約」に署名したことからもわかる。むろん新渡戸の入信もこれがきっかけであった。

だが彼は二期生だったので、入学したときにはすでにクラーク博士は帰国していて、直接の面識はない。同期生の日本的キリスト教（無教会派）の創立者として有名な内村鑑三とは親友の間柄であるが、内村は新渡戸少年の思い出を「彼は心に偽りのない少年だった」（『余は如何《いか》にして基督《キリスト》信徒となりし乎《か》』）と評している。

余談ながら、なぜ武士の子であった新渡戸や内村らは、即座にクリスチャンとなったのか。一見、不思議な気もするが、じつはプロテスタントの根本的な精神というのは、質素倹約を旨とし、自律・自助・勤勉・正直をモットーとする「自己の確立」を養成するものであった。これは新渡戸らが育った武士道の教育と人格形成において相通じるものだったのである。

のちに新渡戸博士は世界的な名著『武士道』（原著英文・明治三十二年）を書いて、日本人の伝統的精神を世界に広めるという偉大な貢献をするが、じつはこの『武士道』は、私が解釈するところ日本人の道徳的規範の書、すなわち「和製聖書」とも読める本なのである。

「われ、太平洋のかけ橋とならん」

やがて札幌農学校を卒業した新渡戸博士は、三年間の役人生活を経て東京帝国大学に入学する。このとき文学部の外山正一《とやままさかず》教授（のちに東京帝国大学総長）の面接を受け、「あなたはなんのために勉強するのですか」と聞かれ、それに答えたのが、「われ、太平洋のかけ橋とならん」という有名な言葉である。

博士は、その言葉を人生の目標に掲げ、それを実行するために、卒業しないまま翌年（明治十七年）、私費でアメリカのジョンズ・ホプキンス大学に留学した。だが経済的に困窮したことと健康を害したことで帰国し、札幌農学校の先輩で同じくジョンズ・ホプキンス大学を卒業して、当時、札幌農学校の教授となっていた佐藤昌介《しょうすけ》に請われて同学校の助教授に就任した。

そして明治二十年（一八八七年）、政府派遣の留学生となってドイツに留学。ボン大学、ベルリン大学、ハレ大学で学び、農政学、統計学を修得した。この成果を『日本土地制度論』としてまとめ、のちに東京帝国大学から日本で最初の農学博士号を贈られた。

実りある三年間の留学を終えると、その帰国途中、アメリカに立ち寄り、アメリカ留学中に知り合っていたメリー・エルキントンと結婚し、キリスト教徒のなかでももっとも敬虔《けいけん》な信者といわれるクエーカー教徒となっている。

夫人をともなって帰国した博士は、札幌農学校の教授となったが、その間に長男を失ったことから神経衰弱となり、農学校を退官。転地療養のため明治三十一年（一八九八年）にアメリカの太平洋岸に渡り、この二年の静養期間中に書かれたのが、博士の名をいちやく有名にした『武士道』である。

『武士道』は世界各地で翻訳され、大ベストセラーとなった。同時に、「ドクター・ニトベ」の名も高まり、帰国したあとは、同郷の先輩である後藤新平の招聘《しょうへい》により、台湾総督府に勤めた。ここで台湾の糖業を改良して台湾財政の基礎を固めた。しかし、再び病気にかかり、帰国して京都帝国大学の法科の教授となり、法学博士として植民地政策の講座を担当した。

やがて明治三十九年（一九〇六年）、第一高等学校の校長となり、同時に東京帝国大学の教授も兼任した。このときの部下に夏目漱石がいた。

さらにその後、津田塾大学の創立に関係し、次いで東京女子大学の初代学長に就任している。この間、教育者としてキリスト教にもとづく教養主義を提唱し、日本教育界をリードした多くの若者たちを育成した。東大総長の矢内原忠雄（岩波文庫版『武士道』翻訳者）、アメリカ研究の基礎を築いた東大教授の高木八尺《やさか》、宮内庁長官として戦後の宮中改革をなした田島道治、敗戦直後の文部大臣となった前田多門らは新渡戸博士の愛弟子《まなでし》である。

国際間の善意の使者・新渡戸稲造

「太平洋のかけ橋とならん」とする仕事では、明治四十四年（一九一一年）から同四十五年（一九一二年）にかけて、最初の日米交換教授としてアメリカの六つの大学で講義し、大正九年（一九二〇年）から同十五年（一九二六年）までは、スイスのジュネーブに滞在して、国際連盟事務次長として活躍した。

いうまでもなく国際連盟は、第一次世界大戦後のベルサイユで開かれた講和会議の結果できた初めての国際平和機構であり、国際平和を維持するこの機構に新渡戸博士が加わったことは、日本の国際的地位を高からしめるシンボルでもあった。

新渡戸博士はジュネーブに滞在中、日本を理解してもらうためにヨーロッパ各地で講演した。だが、その博士が第二の故郷として愛してやまなかったアメリカが、大正十三年（一九二四年）に「排日移民法」を通過させる。日本が第一次世界大戦のどさくさにまぎれて中国に対して「二十一箇条の要求」をつきつけたことで、各国が警戒心を起こし、アメリカが報復手段に出たのだった。

新渡戸博士はこれに憤慨し、この法案が修正されるまでは再びアメリカの地を踏むまいと決心し、そのためジュネーブから帰国するさいも、アメリカを避けてインド洋航路を選んだほどだった。

昭和二年（一九二七年）に帰国した博士は、帝国学士院会員、貴族院勅撰議員となった。ところが、その四年後の昭和六年（一九三一年）、日本軍が満州事変を起こした。当時の軍部の謀略《ぼうりやく》とは知らなかった博士は、中国で開かれた国際会議で「戦争を始めたのは中国側である」と主張して、列国の代表を失望させてしまった。

武士道を重んじるキリスト教徒である博士は、愛国心と世界平和の間で思い悩んだ。そして翌昭和七年（一九三二年）、四国の松山を訪れた博士は、ついに軍部を批判する意見を新聞記者に語り、世にいう「松山事件」を起こした。そのため軍部や右翼から睨《にら》まれた。

その数カ月後、博士は険悪化した日米関係をなんとか修復しようと、二度と訪れたくないといっていたアメリカに飛んだ。当時のアメリカ大統領らと会って日米間の誤解を解くためであったが、その説得は逆に博士の変節と受け取られた。そして、その数日後に日本は国際連盟から脱退して孤立化し、大東亜戦争への道を進むのだった。

昭和八年（一九三三年）八月、博士はカナダのバンフで開かれた第五回太平洋会議に、再度、日本の真意を訴えるために出席した。だが、ここでも認められず、その失望のなか、バンクーバーに向かう途中で病に倒れ、同年十月、ビクトリアの病院で他界した。享年七十二歳。

カナダに住む日本人たちは、国際平和の使者として労を惜しまなかった博士のために、バンクーバーに石灯籠《いしどうろう》を建てて鎮魂《ちんこん》した。だが、太平洋戦争が始まるとそれも忘れ去られ、誰一人訪ねることのない路傍《ろぼう》の石と化していた。

戦争が終わった昭和二十年（一九四五年）、博士の生前の友人でブリティッシュ・コロンビア大学の学長だったノーマン・マッケンジーが、自宅から学校へ向かう途中でこの石灯籠を発見し、日系二世たちに知らせた。彼らはさっそくそこに石灯籠を中心とする日本庭園を造ったのである。

その石灯籠には、新たに、「新渡戸稲造　一八六二―一九三三年　国際間の善意の使者」との文字が刻まれた。だが、現代では、この地にこうした石灯籠があることすら知る日本人は少なく、たまたま通りかかった観光客も「新渡戸稲造って誰?」といぶかしげに見ているという。

私は、新渡戸博士の『武士道』を翻訳し、その関連書も数冊出版させてもらい、新渡戸研究はかれこれ二十年続けてきた。『自警録』『修養』は日本の伝統的精神を網羅《もうら》した『武士道』とは、かなり趣を異《こと》にするが、日々日常の人間学の見地からすれば、若い人びとにとっては、こちらのほうがより身近で、処世の一助になるはずである。

第一章

「一人前の人間になるということ」

新渡戸博士と伊藤仁斎

序章で述べたように、この『修養』『自警録』という本は高等教育を受けられなかった働く若者たちに向けて書かれたものなので、その言葉遣い、いいまわしも、驚くほど通俗的である。たとえば、『自警録』は、第一章からして「男一匹」とのタイトルが付けられ、とても当時、最高水準の教養の持ち主だった新渡戸博士が書いたものとは思えないほどである。

ともに大教育者としてよく比較される福沢諭吉にしても、当時の教養人としてはやさしい文章を書いた人だが、それでも中学生を相手に書いたといわれる『学問のすゝめ』には、「独立自尊」「人間の権利」「国民の義務」といった大上段のテーマが並んでいる。だが、博士は「男一匹」である。

もちろん、この二人の間には二十七歳という年齢差と時代背景の違いがあるので、単純に比較することは妥当ではないかもしれない。江戸時代の漢籍《かんせき》（漢文で書かれた文献）教育を受けた福沢と、明治になって海外留学で洗練された西洋的教育を受けた新渡戸との差ともいえるだろう。

ともかく新渡戸博士の文章はざっくばらんで、当時の青年たちが使った言葉で書かれているのである（とはいっても、大正初期に書かれたものなので、現在のわれわれがスムーズに読める、というわけにはいかないが）。

私も物書きのはしくれとして、一応の文章修業を積んできたが、先輩たちから、「文章でもっとも大事なものは平易簡潔。難しいことはよりやさしく、やさしいことはより格調高く書け」と何度も指摘された。ところが、これがなかなか難しいのである。

人はすこしばかりの才能があると、奇を衒《てら》い、美辞麗句を並べ立て、難しい用語を使いたがるものなのである。今日でも大学教授たちが書いた書物を読むと、やたらと難しい言葉を並べて、結局、なにがいいたいのかわからないといったものがあるが、はっきりいって、こうした文章は下手《へた》の見本といってよいだろう。

さてそこで、私が新渡戸博士の『自警録』『修養』などを読んでいて思い出したことは、博士の教育指導は江戸時代中期の儒学者・伊藤仁斎という人に似ているということであった。

もちろん伊藤仁斎にも『論語古義』『孟子古義』という難解な書物があるが、青少年のために書かれた『童子問《どうじもん》』という本は、内容は高尚なのだが、じつに通俗的な比喩《ひゆ》が多く使われ、平明でわかりやすい。江戸時代の子どもたちがこんな本を読んで修養していたのかと思うと、驚くばかりだ。

だからもし儒学を学びたいと思う人があれば、いきなり孔子の『論語』や孟子の『孟子』など読まずに、まずはこの『童子問』を読むことをおすすめする。この本は童子（少年）に向かって問答形式で書かれてあるので、なによりも儒学とはなにかといった全体像がわかるようになっているからだ。

それもそのはずで、この伊藤仁斎という人こそ、中国の儒学を「日本流の儒学」にアレンジして変えてしまった人なのである。江戸時代の儒学の普及はこの人のお陰といってよいほどである。

真理は日常の現実のなかにある

そう思って見ると、新渡戸博士は伊藤仁斎とまったく同じ立場に立って、若者たちの教養を高めようとしていたのだということがわかる。博士はエリート養成機関の最高学府であった「一高・東大」の学生たちに対しても、視野の狭い専門家にならないための心得として、「専門センスよりもコモンセンス（常識）」の大切さを唱道し、視野の広い常識人を育成することに努めていたほどである。

だが、それゆえにこの二人には似たような批判がともなった。学問をもっと深遠なもの、権威あるものとアカデミックに考える学者たちからは、通俗卑俗《ひぞく》であると蔑《さげす》まれ、ともに批判されたのである。

この通俗卑俗であるとの批判に対して伊藤仁斎は、儒学の祖である孔子を〝偉大なる常識人〟としてとらえ、同様に仁斎も常識を人間の道として重んじていた。常識とは、「仁」とか「義」とかの難しい言葉ではなく、ウソをつくな、悪いことをするな、とかの一般的な考えである。その証拠に、こんな文章が残っている。

「卑俗で平凡ということは常識ということである。人間の生き方の真理はたわいのない日常生活の中にあり、常識こそ真理である。難しくて高邁《こうまい》なものを、それが教養とばかりに喜ぶ人がいるが、現実と遊離した高邁なものは空理空論である。日常生活を軽視する者には、道を極めることはできない」(『童子問』)

この伊藤仁斎の言葉は、新渡戸博士が『自警録』『修養』のなかで再三にわたって述べているものと同じことで、あえて本文の内容に入る前に紹介した。すなわち自分を磨くとは、なにも難しい理屈や理論を覚えることではなく、〝真理は日常のなかにある〟といわれるように、この常識を実践行動することにあるのである。

別言するなら、孔子のような〝偉大なる常識人〟を目指すことをいうのだ。これが新渡戸博士が『自警録』『修養』で訴えているテーマなのである。

偉大なる常識人とは平凡なる非凡の人

では、偉大なる常識人とはなにか。

たとえば、新渡戸博士の家の前を毎朝、一定の時間になると「納豆、納豆」と売って通る女の納豆売りがいた。人は誰も納豆屋を見て非凡な職業とは思わない。仕事としてはありきたりのものだ。どこにでもある朝の風景だった。

だが、彼女が三百六十五日、毎朝時間を変えることなく、お客さんのためにと値段を崩さず、品物を吟味《ぎんみ》し、ていねいな挨拶をし、そのあげた利益で、家で寝ている病人の夫を看護し、子どもたちを育てていると聞けば、この女性は平凡な人とはいいがたい。むしろ、よくできた女性として非凡な人と思うであろう。

彼女が行なっている行為は商売人としては当たり前といわれる常識的なことだが、これを毎日、変わらずに行なうことは「平凡なる非凡」というべきであり、これこそ博士のいう〝偉大なる常識人〟なのである。

人はややもすれば、職業とか肩書きを見て、非凡と平凡を区別する。だが、平凡であっても品の悪い平凡もあれば、先の納豆売りの女のようにすこぶる品のある平凡もある。となれば、人を判断するときは職業とか肩書きではなく、日常の心がけと品性とを基準に測るのが妥当というべきであろう。

新渡戸博士はさらに例を引いて、平凡にも高い平凡と低い平凡があるのではないかという。たとえば、禅の修行をした人は、なまじ修行したがために、自分ばかりが偉く思え、ほかの人を卑《いや》しむという傾向がある。だが、いっそうの修行を積んだ高僧といわれる人になると、いうことも平凡、その行ないも平凡に見えるが、どこかが違う。

なぜかな、とよくよく観察してみると、声の音調が違い、眼の輝きが違う。歩くにしても姿勢がよく、お茶を汲《く》んでも、その手つきが違う。同じ平凡な行為であっても、その平凡な行為に大きな違いが生じているのだ。すなわち本物の修行のある人と、外見だけの修行の人とでは違いが出てくるのではないか、と博士はいうのだ。

修養の目的とはなにか

じつは、この偉大なる常識人、あるいは平凡なる非凡の人になるには、日ごろの修養が大切なのである。修養とか修行といっても、それは特別難しいものではない。箸《はし》の上げ下ろしから始まって、立ち居振る舞い、言葉の使い方、相手に対する気遣い、挨拶といった日常的なことである。この日常の積み重ねが、年を経るにしたがって、差を産み出すのである。

新渡戸博士の『武士道』を読むと、サムライたちの日常の鍛え方、モノの考え方などが述べられているが、その究極の心構えは「平常心」（どのような場合でも変わらぬ心、仏教でいうところの不動心）である。サムライが戦場に臨み、いささかも怖《おそ》れないのは、つねに「常在戦場」（つねに戦場にいる）という心構えで生活し、文武両道で鍛え抜いた結果である。

桜は春風に誘われて咲くのではない。前年の冬から寒さをしのいで蕾《つぼみ》を養ってきたから、あの美しい桜の花を咲かせるのである。修養とはそのようなものである。

ところが、われわれは平凡な日常の積み重ねを軽視する傾向がある。多くの人はなにか目立ったこと、変わったこと、ドラマチックなことを喜ぶ。だが、これは「人生を生きる」という考え方がよくわかっていないからである。

前述した伊藤仁斎が述べたように、難しいこと、高尚なことが書いてあると、理解できないまま高尚な人になったような錯覚を持ってしまう。これは基礎訓練も積まずに、いきなり試合に出るようなもので、大怪我《けが》のもとである。物事にはすべて順序がある。それが道理というものだ。この道理を常識というのである。

では、修養の目的とはなにか。

「功名富貴《こうみようふうき》は修養の目的とすべきものでない。みずから省みていさぎよしとし、いかに貧乏しても、心のうちには満足し、いかに誹謗《ひぼう》を受けても、みずから楽しみ、いかに逆境に陥《おちい》っても、そのうちに幸福を感じ、感謝の念をもって世を渡ろうとする。それが、僕のここに説かんとする修養法の目的である」

と、博士がいうように、修養は人生の豊かさと幸福を誘《いざな》う生活法なのである。

「男一匹」から「紳士の道」へ

では、ここから具体的な修養法について学んでいこう。

まず、『自警録』は「男一匹」の話から始まるが、新渡戸博士は人間とは神と野獣の間に立つ者であると述べている。

「人と生まれたからには、こういうことをするのは恥だ」という場合は、動物とは違った廉恥《れんち》心（恥を知る心）が備わっているのであり、「どうせ人間だもの、このくらいのことをするのは当たり前だ」という場合は、人間性を無視しているのである。

この差はなにから生じるのか。

要するに、自分を磨き高め、修養を積んだ人間はより神に近い存在となるし、磨かなかった人は野獣のごとく、粗暴で野卑《やひ》で手のつけられない動物になるのだと。そして、それは日々日常のなかで修養を積んだかどうかにかかっているという。

では、ここでいう男一匹とはなにを意味するのか。

そのたとえとして博士は、忠臣蔵の「天川屋儀兵衛《あまがわやぎへえ》は男でござる」というセリフをあげて、男らしい剛毅《ごうき》さ、実直さ、あるいは大胆不敵《だいたんふてき》さ、さらには「強きを挫《くじ》き弱きを助ける」といった義侠心《ぎきようしん》というイメージをあげている。

たしかに「男一匹」という言葉を使ったときは、一心太助《いっしんたすけ》のような「男のなかの男」といった一種の爽快《そうかい》感を与える。そこで博士は、まずは男として、そのような純朴《じゅんぼく》な正義感や実直さを養うことを望むのである。つまり純朴な正義感とは、卑劣なことや卑《ひ》怯《きよう》なことをしないことをいい、人間として守るべき最低基準だということである。

とはいえ、「男一匹」という表現だと、まだどこかに野性的な匂いが漂《ただよ》い、洗練された一人前の男とはいいがたい。それは孟子のいうところの「匹夫《ひっぷ》」（卑しい男）、すなわち思慮分別《しりよふんべつ》のともなわない猪突猛進《ちよとつもうしん》型の男のイメージが強く、これで充分というわけではない。

もちろん男として何事かに挑むときは、一種のバーバリズム的な要素が必要ではあるが、それは「イザ」という事変のあるときであって、通常の生活ではむしろ必要ない。江戸時代ならともかく、文明国の人間としては、キリストが教えるように、「柔和《にゅうわ》なる者は幸いなり」の言葉を思い出すがよい、と博士はいう。

かのキリストは従順温和な道を説いて、強くて、礼儀正しく、優しい男の姿を登場させた。今日でいう「紳士《ジェントルマン》」という類《たぐい》の人びとである。だが明治・大正時代にあっては、いまだ「紳士」は日常語ではなかったので、博士は「紳士」より通俗的な「男一匹」という言葉を使って、一人前の人間になるとはどういうことかを述べていくのである。この「紳士への道」こそ、「男一匹」の姿なのである。

むろんのこと、博士はこの「男一匹」といったときのキャラクターを愛している。イナセで颯爽《さっそう》とした伊達男《だておとこ》ぶりは、いまでも男の美学の一種であり、博士がいうように多くの男たちにとって一心太助や幡随院長兵衛《ばんずいいんちょうべえ》のような人物は憧れの的であった。そしてこういうのだ。

「長兵衛はいかにも男性的で、子分の顔を立てるために自分の不利益になる喧嘩を買ったこともあろう。強きを挫き弱きを助けるといった、この任侠《にんきょう》的な勇猛さは、今日の勘定高き社会においては、まさに愛すべき性格である。だが、これは法律もろくろく備わっていなかった江戸時代においてのことであって、法治国家のもとでは、たとえその男伊達を思慕するにしても、今日では通用しない」と。

つまり、伊達男の心意気はよしとしても、暴力行為をともなう匹夫の勇は、今日の秩序ある社会では断じて許されるべきではないというのだ。なぜなら、暴力に訴えることは野蛮《やばん》な行為であり、紳士の振る舞いではないからだ。法治国家では、これを治めるべき相応の法律制度があるので、これによって是々非々を決めるべきだと説くのである。

男一匹、義を見てせざるは勇なきなり

人にまけ己《おの》れにかちて我《が》を立てず　義理を立つるが男伊達なり

この道歌（教訓の歌）はまさに男一匹の心情をいいあてている。ことに最初の「人にまけ」というのは、キリスト教における「右の頬《ほほ》を打たれたら左の頬を出せ」というような意味で、強き優しさを含んでいる。また、次の「己れにかちて」というのは、み

ずからの意志の強さを表わしている。

この姿は勇気のもっとも洗練されたもので、勇気もこの段階に達すれば、もはや勇猛ではなく、匹夫の勇でもない。西洋の学者のいうモーラル・カレッジ（道徳的勇気）である。だから男一匹という場合の資格の第一は、勇気を内面に向けて自分に克《か》つことだというのだ。この克己心《こっきしん》についてはあとでもふれるが、自分に克つことほど難しいものはない。

そして新渡戸博士は、その勇気をふるうときの判断の基準として、『論語』に出てくる次のエピソードを紹介する。

孔子の弟子に子路《しろ》という人物がいた。彼は弟子のなかでも勇ましい男性的な性格で、つねに勇を好んだ。ある日、孔子にたずねた。

「君子は勇を尚《とうと》ぶか」と。

それに孔子が答えて、

「君子は義をもって上とす。君子勇ありて義なければ乱を為す。小人《しょうじん》勇ありて義なければ盗を為す」（立派な人というのは、義を最上のものとする。立派な人でも、勇気だけあって義がなければ乱を起こすもととなる。つまらない人は、勇気だけあって義がなければ盗賊になる）

義とは、儒教でもっとも大切といわれる「仁・義・礼・智・信」の五常の徳（後述）のひとつで、利害損得を考えない、人としての正しい行ないのことだ。いわゆる正義である。武士道では「義士」と呼ばれるサムライが最高の位置を占めるように、「義」は武士道の支柱として尊ばれている。

したがって、男一匹の資格は勇気だけがあればいいのかといえば、孔子がいうようにただそれだけではまだ足りない。勇気はあくまで目的に達する方法であって、目的でも動機でもない。つまり、なんのために勇気をふるうのか、これが肝心なことで、それは義（正義）のためなのである。

それを表わす古語が、「義を見てせざるは勇なきなり」という言葉だ。義を見てするのが勇気であり、不義（悪いこと）と知りながら行なったとなれば、これは銀行強盗をやるのと同じようなもので勇気とは呼ばない。たとえ勇気があったとしても、人道に反する行ないは自慢にはならないのである。

したがって、男一匹という場合の心意気は、それが正しいことか悪いことかを分別《ふんべつ》する能力が必要となる。ここに正義を愛する男一匹になるか、ただ蛮勇をふるう匹夫になるかの分かれ目があるのである。

男は女に優しくあらねばならない

新渡戸博士がフェミニストであったことはよく知られているが、「男一匹」の章の最後は、この女性の扱い方で締めくくられている。

博士は「男は松、女は藤」にたとえて、男性は女性にくらべて体力的に強く生まれているのだから、それを保護する役割にまわらなければならないという。

「今後、女性の身体の構造にどのような変化がきたとしても、男性に乳房が加わるときがこないあいだは、女性は肉体的に男性より弱者である。母たる役目はいつまでも女性に属する。このことから考えても、女性は守られるべきもの、保護されるものだ。だから、男一匹の要素は女性に対して保護者であらねばならない。にもかかわらず、女性が肉体的に弱いのにつけこんで、腕力をふるって従わせようとする男性がいるが、そんな男性は言語道断《ごんごどうだん》。風上にもおけぬ動物以下の人間である」

と戒《いまし》めるのである。紳士たるべき者は、強さを誇るより優しさを誇るもので、その言葉遣い、立ち居振る舞いは女性的と思われるほどだ。優しさがあり涙があってこそ真の男である。ただ威張りちらして、女性を自分の家来のように使う男はほんとうの男ではないのだ。昔の伊達男だって威張ってばかりでは女性にもてなかっただろう。

博士はここで、政治家でかつ文学者であったバヤード・デーロルの「勇敢なる者は優しき者、優しき者は勇敢なる者」という名言を掲げ、ほんとうの男らしさとはなにかを教えてくれるのである。

思い出すがよい。レイモンド・チャンドラーの名台詞《せりふ》、「強くなければ生きていけない。優しくなければ生きる資格がない」を。男一匹とは男の蛮勇をいうのではない。強きを挫き弱きを助けるからこそ、男としてカッコいいのである。

「一人前」とはどういうことか

では、「男一匹」から「紳士の道」に進むなかで、人間として「一人前」とはどういうことをいうのか、と新渡戸博士は問う。

一人前。つまり「大人」ということだが、では大人とはなにをもっていうのかということだ。法律上は二十歳を過ぎれば成人といわれ、国民の権利として選挙権を与えられる。タバコも酒も自由にのめる。だがこれはたんに肉体的に大人（成人）になっただけで、内実がともなっていない人も多い。わがまま勝手で人の迷惑を考えない者もいる。せっかく権利があるのに、遊びほうけて選挙にはいかないし、経済的にも他人に頼りっぱなしという高校生並みの大人もいる。

では、一人前の大人とはなんだろうか。

福沢諭吉などは「一人前の大人」の定義を、それは「独立自尊」ができている人としている。つまり、人を頼らず、自分で考え、自分で行動し、その行動に責任を持つ者ということだ。

だが博士は、そんな難しい理屈はいわない。より具体的な例として、大槻文彦《おおつきふみひこ》編纂《へんさん》の『言海《げんかい》』にある「人並み」という言葉をあげている。英語でいうところの「ノーマル」。つまり常識人になれ、ということだ。だが、この〝常識人〟というのは、考えれば考えるほど曖昧《あいまい》で意外と難しい。

では、新渡戸博士のいう常識人とはどのような人をいうのか。それには「一人前の仕事のできること」が先決だと、こう説明する。

「わかりやすくいうなら、たとえば学生は教えられた学科を修得し、点数は百点とはいわないまでも、七十点もとれれば一人前とみなされるであろう。商売人であれば、その日の仕事を残らず片付けること。一家の主婦であれば、一日の間になすべき掃除、洗濯、料理をやり、夫や子どもの世話を首尾よくできる者をいう」

ノーマルという言葉には「普通」という意味も含まれているので、自分に与えられたことを世間並みにできれば、一人前といってよいというのだ。

そして、この一人前の仕事を一年間通してやり抜き、さらには生涯やり通せれば、この人は一人前の仕事をやり通した人として、天にも地にも恥じることのない人生を送ったと自慢してもよいだろう、と博士はいうのだ。

「俺は大物になるんだ」といった野望や志を抱いている人から見れば、「なーんだ」と気落ちするところがあるかもしれないが、じつはこの「平凡」に生き抜くということは、かなり大事なことなのである。

巷《ちまた》に氾濫《はんらん》する人生論の本などを読むと、夢や大志を抱いて、その目標にガムシャラに突き進んでいく方法が書かれてある。だが、新渡戸博士はそうした派手な論法を好まない。あくまでも幸福の立脚点は平凡な日常生活にあるというのが、博士の一貫した主旨なので、無謀な夢を語るよりも、身の丈《たけ》にあった生き方を述べるのである。

周囲を幸せにする人になれ

では、身の丈にあった生き方とはなにか。

新渡戸博士が例に引いているわけではないが、ここで私が思い出すのが、「燕雀《えんじゃく》いずくんぞ鴻鵠《こうこく》の志を知らんや」という故事である。鴻鵠とは大海原《おおうなばら》をひとっ飛びするような大きな鳥のことで、そのような大鳥の胸の内など地上の虫をついばんでいる小さなスズメやツバメにはわかろうはずもない、という意味である。司馬遷《しばせん》の『史記』に出てくる、秦朝《しんちょう》末の陳勝《ちんしょう》が残した言葉とされている。

こんな話だ。陳勝は若いころ、人に雇われた小作人であった。あるとき仲間たちに向かっていった。

「俺はいま、こんな身分にいるが、いずれ出世して一国一城の主《あるじ》になってみせる」

それを聞いた雇用主から、

「お前は雇われの身でありながら、どうして一国一城の主などになれるのだ」

と言い返されて、みんなの笑い者にされた。そこで陳勝が、

「お前さんらのような燕雀に鴻鵠の志がわかるものか」

といった。そして、その志よろしく、陳勝は秦の反乱軍の指導者となって、秦朝滅亡のきっかけをつくったのである。

一般的には、高き理想を掲げて突き進む若者たちを鼓舞してきた故事として有名なものである。だが、エリートでもない普通の人に向かってこうした大望を語るのが、新渡戸博士は好きではなかったのだろう。

なぜなら、陳勝はみずからを鴻鵠にたとえたエリートの発想である。しかしながら多くの人びとは、燕雀のような小鳥である。小鳥には小鳥の世界がある。もともと住む世界が違い、持って生まれた性格や能力の異なる者をくらべて、勝手に燕雀を劣っていると誰が決められるのか、ということだろう。

自分の性格、才能、環境などを総合して、自分にあった世間並みの一人前になれば、それはそれで幸福な生き方なのである。

そうでなければ、「イソップ物語」に出てくる身のほど知らずのカエルが牛と大きさをくらべあってパンクしてしまうように、自滅への道を進むことになる。かの陳勝だって、のちに部下に殺されているのだ。古代ギリシャの神託で有名なデルフォイの神殿に

「汝自身を知れ！」との言葉が掲げてあるように、まずは自分自身を知り、自分にあった「一人前」になればいい、というのが新渡戸博士の持論なのである。

天台宗の開祖・最澄《さいちょう》の『山家学生式《さんげがくしょうしき》』のなかに、「一隅を照らす人は国の宝なり」との言葉があるように、博士はエリートになるよりも「一隅を照らす人」、すなわち、いかなる職業にあっても、社会のどのような場所においても、周囲の人を幸せにする人になることを願っていたのである。現に社会はこうした人によって支えられているのだから。

評価は他人が決める

さて、そうした一人前の仕事をしたとして、では、その一人前という評価は誰が決めるのかと、さらなる疑問を新渡戸博士は提出する。

どういうことか。たとえば、私のまわりにも、仕事をして成果が得られないときに、「ああ、一生懸命努力したのに」と愚痴をこぼす者がいる。だが、このときの一生懸命は自分がそう思っているだけで、端《はた》から見れば、懸命に努力したと評価できない場合も多い。

つまり、こうした評価には主観と客観との差があるということだ。自分で一人前、一生懸命といったところで、それは自分がそう思っているというだけの「思い込み」であって、他人の客観的評価とは違うこともあるのである。

だから、評価というものは自分で決めるのではなく、つねに相対的なものであって、他人が決めるということを肝に銘じておくべきである。たとえばそれは、学校のテストでいかに自分は百点をとったと思ってみても、先生がつけた点数が五十点ならば、それは五十点だというのと同じだということだ。

同じようなことで、いまひとつ勘違いや思い込みが多いのは、自分は最高教育を受けた者だからすでに一人前以上だとか、最高教育を受けていないので一人前にはなれないなどという人がいるが、これも主観的判断である。たとえ最高教育を受けようと受けまいと、世間は社会人としての一人前を期待しているのであって、人格的にいかがわしいところがあれば、それは一人前とは認められないのである。

以前、痴漢行為をした大学教授がいたように、学歴と一人前の人格とは関係ないのである。あるいは企業の社長でも、一人前以上の仕事をしようと、その成功のために不正や不法行為をすれば、いかに成功したといっても、世間は一人前の実業家とは認めない。なぜなら、新渡戸博士のいう常識人とは倫理道徳を重んじ、まっとうに人生を歩んでいる人をいうからである。

そして、こういうのだ。

「一人前の仕事とは、各自がそれぞれ天賦《てんぷ》の才能と力量をあらん限りに尽くすことである。その評価は他人が決めるといいながらも、その一人前の器を大きくしていくのは自分である。できれば標準並み以上の仕事ができるようになるのが、望ましいことはいうまでもない」

そして、イギリスの詩人テニスンの、「自尊、自知、自治の三路《さんじ》は、一生を導いて王者の位に達せしむるなり」との言葉を置いている。

つまり、一人前になるということは、世間の誰もが評価する一人前の仕事をするということである。だがそれ以上に、自分を尊ぶ自尊（自分に恥ずかしくないこと）と、自分を知るという自知（自覚）と、自分を治めるという自治（自制心）を保って、さらに一人前以上になろうと努めることである。そこに、人生の成功者になる道があると説くのである。

第二章

「もっとも強い人は自分に克つ」

「我に七難八苦を与えたまえ」

強い人といった場合、一般的には力の強い人を連想する。いわゆる豪傑《ごうけつ》とか剛力《ごうりき》といわれる人のことだ。日本ではこれまで、他人に恐ろしく思われるのを偉いとする風潮があった。「威風あたりを払う」といった態度を豪傑の理想とし、みずから「俺は偉いんだ」といわんばかりの言動を示した。

もちろん、文明が進むにしたがって、こうした人は少なくなったが、それでも他人を態度で圧倒することを強い人と思っている人が、いまでも存在する。たまたま時流に乗って成功した〝成金《なりきん》〟といわれる人とか、肩書きやポストにモノをいわせて、ただ威張りちらす上司などはその見本である。

だが、「勝つ」という意味には二つある。外部の敵に勝つのと、自分に克《か》つことである。いま「勝つ」という字と「克つ」という字を区別して書いたように、一般には「勝つ」という場合は、相手に勝つときに用い、「克つ」のほうは、もともとは家を支える材木という原義から内面的なことに使い、自分の欲望などに克つことをいう。これを克己心《こっきしん》という。

だから、暴力などで人を黙らせたり、乱暴な行動で人を恐ろしがらせる人は、自分自身を抑制する克己心がない人ということになる。世にいうヤクザは、その典型例である。あるいはまた、自分が喧嘩などで勝ったときの手柄話をしたり、俺がこういったら相手は黙ってしまったなどと自慢する人がいるが、こういう人もどうかと思う。

なぜなら、語る人の弁だけを信じれば、相手が恐れ入ったように聞こえるが、先方に質《ただ》してみると、いっこうにやられたともなんとも思っていないことが、しばしばあるからである。

私の経験でも自慢話を得々と語る人は、ただの見栄っぱりで、それほどの人間ではないように思う。また、講演などで多くの人から名刺をいただくが、人によってはその名刺にずらりと肩書きを列記し、ごていねいに裏にまで書いてあったのには驚いた。弱い犬ほどよく吠《ほ》えるというように、こういう人は実体や実力がないぶん、自分を大きく見せようというカラ威張りの人である。

世間には、政治家や社長の地位にある人でも、こうした虚仮威《こけおど》し的な話をする人がいる。その虚仮威しに乗って、そういう人を偉い人だと思ってへつらう人も同類である。同じように、言葉ではなく衣装や持ち物で自分を大きく見せようとする人もいる。派手なスーツを着たり、毛皮のコートやブランド物のバッグ、ネックレス、指輪などをこれ見よがしに身につけている人も、虚仮威しの類《たぐい》で、自分の中味の薄いことを示しているようなものだ。

身なりや言葉で他人を脅して勝つのは、一人前の大人としては恥ずべき下品な行為で、幼稚性《ようち》が残っている証拠でもある。読者のまわりにも、すこしばかり収入が増えると高級車を買って、クルマのキーをちゃらちゃらさせている者がいるであろうが、これなど子どもが玩具《おもちゃ》をもらって喜んでいるのと似ているではないか。

ほんとうにできた人は、自慢話や虚仮威しはしない。それはそうしたことが恥であることを知っているからである。

ほんとうに克己心のある人というのは、自分の傲慢《ごうまん》な心、あるいは弱き心に克つ人である。もともとの意味にあるように、重荷を荷《にな》って堪《た》えること、すなわちどんな辛いことや苦労にもめげずに、明るく元気に前に進める人のことをいうのである。

たとえば、戦国時代、山中鹿之助《しかのすけ》という武将がいた。「願わくば我に七難八苦を与えたまえ」と三日月に祈った話が有名である。鹿之助は敗れた尼子《あまこ》家の再興のために、もっと自分を鍛えて大きくならなければいけないと、さらに辛いこと苦しいことを与えるよう願ったというのだ。そしてこんな歌まで残している。

憂きことのなおこの上に積もれかし　限りある身の力ためさん

心を強くしたいと思うのであれば、我慢や辛抱は序の口であり、それらを積み重ねて忍耐力ができる。新渡戸博士も、この克己心の表われとして、「韓信の股くぐり」という話をあげている。中国の漢の名将だった韓信は大望があったので、若いころ、町の乱暴者とは争わず、あえて相手の股をくぐって、その恥辱に堪えたという故事である。

英雄伝説のなかにはこうした話がたくさん出てくる。逆にいえば、こうした艱難辛苦《かんなんしんく》を乗り越えたからこそ英雄になれたともいえるが、われわれ凡人にはそこまでいくのは難しいだろう。

そこで博士は、われわれでも努力すればできるという、桂太郎（戦前の陸軍大将、首相）の話を披露する。

「公は辛抱づよいところが長所であった。晩年、長い間病床にあったが、公の身辺に侍《はべ》る者は誰一人として公の苦しい顔を見た者はいなかったという。誰かがこっそり公に知られないように覗いてみると、苦しそうな顔で痛むところをさすっていたが、人が入ってくると、ただちに面相を変え、痛みのないような顔で応対したという」

人は、戦場で勇敢に死んでいくのは、思いのほかたやすいといわれている。なぜなら、みんな死ぬのが当然と万事そのように仕向けられているので、覚悟ができているからである。

だが、平常、病気で苦しみながら、人前ではいっさいその苦痛を口にしないというのは、なかなか容易なことではない。容易ではないが、日ごろの鍛錬でできないこともない。博士はこういう人こそ、克己心を鍛えた人であり、強い人は堪えうる人だというのだ。

人は外見では測れない

新渡戸博士の話によると、西郷隆盛が初めて橋本左内《さない》（幕末の志士、福井藩士）に会ったとき、こんな軟弱な男となぜ国事（国の問題）を相談しなければならないのかと、心ひそかに軽蔑したことをのちに告白している。あるいはまた、西郷が藤田東湖《とうこ》（水戸藩の儒学者）に会ったときは、「追い剝《は》ぎみたいな人物だった」と評していたという。

橋本左内も藤田東湖も、幕末に活躍した有名な傑物《けつぶつ》である。残された似顔絵などを見ると、たしかに橋本左内の外見はまことに柔和で、しかも美男子である。吉田松陰と比較されるように外見はひ弱そうだが、その性格は人一倍の熱血漢であった。

一方の藤田東湖はまさに豪傑といった感じで、西郷の印象どおりの人だが、安政大地震のときは、逃げ遅れた母を救うために崩れかかる母屋《おもや》に飛び込んで圧死したような親孝行の人だったという。外見からはわからない優しい心の持ち主だったのである。

このように評した西郷さんだって、私にいわせれば外見は藤田東湖と同様の豪傑肌だが、そのじつ、子どもにも愛され、誰からも好かれる愛敬《あいきょう》のある人だったようだ。

新渡戸博士がいいたいことは、要するに、人間の中味は顔つきだけではわからないということである。だから初めて会った西郷が先の二人をそう思ったとしても仕方ないが、「馬には乗ってみよ人には添うてみよ」というように、人の評価はつきあってみなければわからないのである。

じつは新渡戸博士がどうしてこのような人物の風貌を述べたのかというと、ほんとうの強い男とはどのような人かを語りたかったからだ。

たとえば、その外見で男らしさを誇る言葉に、かつて「蛮《ばん》カラ」というのがあった。洋風好みの「ハイカラ」に対する言葉だ。彼らは外見や言動を粗暴にして、髪もぼさぼさ、高下駄を履いて闊歩《かつぽ》していた。夏目漱石の『坊っちゃん』に出てくる山嵐のようなタイプだ。

いまでも大学の応援団や体育会にはこの名残《なごり》があり、「俺は小洒落《こじやれ》た服装で女性を追いかけている軟派とは違うぞ」との意思表示のひとつだ。では、彼らがほんとうに強いのかというと、なかにはゴキブリを見て逃げ出すようなヤツもいる。

このように、外見で人の中味を推し量ってはいけないというのが博士の主張であるが、では「強い人間」というとき、その判断はどこでするのかを問うのである。

その理想は、「外に柔、内に剛」だという。いまふうにいえば、「外見は優しく、内面は強く」ということだ。略して「外柔内剛《がいじゅうないごう》」。ただ、外見は優しくといっても、クラゲのようになよなよした者は論外である。言葉遣いや行動が紳士的ということである。また、いかに内面は強くといっても、剛が過ぎれば強情となり、頑固となり、意地っぱりとなる。

したがって、内面が強いというほんとうの意味は、自分の志や信念を貫徹するためには、いかなる困難があろうと、その固めた決心を曲げずに突進するくらい強いということである。かといって、剛ばかりで、優しさもなく、人情に冷たい人は、他人を不幸にするばかりでなく、誰からも愛されなくなり、自分も不幸になる。

要するに、新渡戸博士がいいたいことは、外見の優しさと内面の強さのバランスがとれた人、すなわち円満な性格をつくりあげることだというのだ。

外柔内剛の人・山岡鉄舟

博士は「外柔内剛」の具体的な例をあげていないので、私の最上とする人物を例にあげておく。それは山岡鉄舟《てっしゅう》である。

　周知のように山岡鉄舟は、勝海舟、高橋泥舟《でいしゅう》とともに〝幕末の三舟〟と呼ばれ、ともに幕臣として活躍した人物である。剣客としては「無刀流」の極意をきわめ、剣の達人と称されたが、暗殺やテロの横行するあの幕末の嵐のなかで、生涯ただ一人の人間も斬ったことがなく、動物に対する殺生《せっしょう》さえも戒《いまし》めたほどの優しい人だったという。

「真勇は怯《きょう》に似たり」という言葉がある。ほんとうの勇者というのは、外見は臆病者のようだとの意味である。普段の鉄舟はそんな優しい男だったのだ。だが、いざ大義をふるうときになると、みずからの命を投げ出し、天下を救う快挙を成し遂げるのである。

　それが駿府《すんぷ》にいた官軍の本拠地に一人で乗り込み、西郷隆盛と会って江戸無血開城の段取りをとりつけたことだった。この話は、多くの人が勝海舟の功績と思っているが、山岡鉄舟のお膳立てがあって成功したのである。

　もし、鉄舟と西郷との会談が失敗に終われば、百万都市の江戸は一面の火の海となり、アメリカの南北戦争と同じように内戦となり、官軍と幕府軍の総決戦が行なわれていたのである。それを単身でとめたのが、この鉄舟だった。

　のちに西郷は山岡鉄舟を評して、「命もいらず、名もいらず、官位もいらず、金もいらぬという人は始末に困る。だが、この始末に困る人でなければ大事はできない」と語っている。ほんとうに強い人とは、日常は虫も殺さないような優しさを持ち、イザというときは命を捨てる覚悟のできる人、ということになろうか。

このような人は死ぬときも格好いい。明治二十一年（一八八八年）の七月十九日、山岡鉄舟は胃ガンで倒れた。人望すぐれた人だったので、臨終の床には多くの人が集まった。そのなかに三遊亭円朝（明治落語界の大物）を見つけた鉄舟は、「おっ、円朝。みんな俺が死ぬのを待っているようだが、まだ死なん。退屈だろうから一席やってくれ」と命じた。

困り果てた円朝がボロボロ涙をながしながら、しぶしぶ用意をしていると、鉄舟は「そろそろだな」と隣の部屋へいって、死装束《しにしょうぞく》にあらため、右手に扇子、左手に数珠《じゅず》、懐中に金剛経といった姿で座禅を組み、そのままの姿で往生したという。享年五十三歳。

私の武士道関連の本でも、本物のサムライとして再三登場するが、鍛え抜かれたサムライというものは、生きているときも死ぬときも、平常心をなくさないという見本のような男だったのである。

鉄舟を鍛え抜いた「修養二十訓」

山岡鉄舟のこの強さは、どこからきているのか。興味深かったので調べてみたら、やはり強くなる人は違う。鉄舟は少年のころから「守るべき二十の訓《おしえ》」を自分でつくり、修養を積んでいたのである。参考になるので現代語訳して付記しておく。

一、嘘をいうな。
二、君の御恩を忘れるな。
三、父母の御恩を忘れるな。
四、師の御恩を忘れるな。
五、人の恩を忘れるな。
六、神仏と年長者を粗末にしてはならない。
七、幼者をあなどるな。
八、自分の欲しないことを人に求めるな。

九、　腹を立てるのは道に合ったことではない。
十、　何事につけても人の不幸を喜んではいけない。
十一、力のおよぶかぎり善くなるように努力せよ。
十二、他人のことを考えないで、自分の都合のよいことばかりしてはいけない。
十三、食事のたびに農夫の辛苦を思え。すべて草木土石でも粗末にしてはならない。
十四、ことさらお洒落をしたり、うわべを繕《つくろ》うのは、わが心に濁りあるためと思え。
十五、礼儀を乱してはならない。
十六、いつ誰に対しても客人に接する心がけであれ。
十七、自分の知らないことは、誰でも師と思って教えを受けろ。
十八、学問や技芸は富や名声を得るためにするものではない。己《おのれ》を磨くためにあると心得よ。
十九、人にはすべて得手と不得手がある。不得手を見て一概に人を捨て、笑ってはならない。
二十、己の善行を誇り顔して人に報《しら》せるな。わが行ないはすべてわが心に恥じぬために努力するものと心得よ。

鉄舟は、これが人が人として守らなければならない最低限の〝人の倫《みち》〟ということで、それをつね日ごろから心に留めて実践していたのである。すべて「なるほど」と思えるものばかりで、教えられることが多い。

とくに第一条の「嘘をいうな」というのがいい。ウソをつくことは心の弱さの表われであり、すべての悪はここから始まる。ずる、インチキ、不正、卑劣、卑怯《ひきょう》もウソの一種であり、自分の信用をなくし、健全な社会を乱すもとでもある。美しく生きるというとき、もっとも守らなければならないことは、このウソをつかないということである。

それはさておき、新渡戸博士も同じような規範の訓を掲げて、みずからを戒めたというのがあとのところで出てくるが、すぐれた人物になる人は、やはり幼少のころからの鍛え方が違うのである。

忍耐力こそが成功の秘訣

とはいえ、われわれ凡人に山岡鉄舟を見習えといっても、いきなりは無理であろう。だが、すこしずつでも修養を積みあげていったら、鉄舟のようになれないこともないだろう。なぜなら、鉄舟だって最初から偉大だったわけではあるまい。鉄舟も人の子、われも人の子、要はやる気と実践だろう。

ならば、われわれが心を鍛え、強さを発揮するためには、なにから始めればいいのか。その第一歩は、自分の弱き心、つまり会社にいきたくないとか、仕事をしたくないとか、すぐに弱音を吐くとか、深酒をするとか、やらねばならないことをいやがるとか、遅刻ばかりするとか、そんな日常の心に負けないということである。

プロテスタントの教えでは、人格形成（修養）の心得に、「質素倹約を旨として、自律、自助、勤勉、正直、友愛」を置いている。質素倹約はたんに金銭的なものだけではなく、ぜいたくや無駄を抑制し、ほしい物を我慢するといった忍耐力の養成なのである。

もっとも大切なのが自律で、自律とはみずからに規律をつくるということ。すべての実践はここから始まるといってよい。朝六時に起きると決めたら必ず起きる、約束は守ると決めたら必ず守るといったことで、この自律心さえ養われたら、あとは全部できるのである。

自助《セルフ・ヘルプ》は努力の意味で、なんでも努力することが肝心である。勤勉は骨身を惜しまず事にあたり、正直はウソをつかないということ。そして、友愛は人と仲良くすること。これが人格を養う基本とされている。

これらは言葉としてわかっていても、実践がともなわなければただの言葉であり、なんの役にも立たない。徳は形として表われて初めて徳である。だが、実践しようとすると、人間の怠惰《たいだ》なる気持ちは「すこしくらいは」と甘い誘惑を投げかける。これに打ち克つのが、先ほど述べた「克己心」である。

では、己に克つという克己心とは、具体的にはどういうことか。じつはこれが、別の言葉でいえば「忍耐力（我慢）」なのである。もうすこし寝たいとか、仕事がつらいとか、誰も見ていないからごまかしてしまえとか、適当にやってしまえとか、弱い心は悪魔のささやきをする。このとき、「やると決めたら、やるんだ」というのが克己心であり、「つらいけどがんばろう」というのが忍耐力である。

人は誰しも、大きな仕事のトラブルや人間関係などで悩み、挫折、病気といった逆境に見舞われるときがある。だが、この二つの精神力さえ養われていれば、さらに大きな問題が生じても、それを乗り越えることができるのである。忍耐力は克己心が表に現われた精神と見てよい。そして、誰もがこの忍耐力こそ成功の秘訣と教えてくれるのである。

たとえば、『若きウェルテルの悩み』などで有名なドイツの作家ゲーテがこんなことをいっている。

「立派な目標と偉大な仕事をやり遂げる路は二つしかない。体力と忍耐である。体力はほんの一握りの恵まれた人間のものである。しかし厳しく身を守り、常に耐え抜くことは、ごく弱小な者でもできるし、たいていの場合は目標に達成する」（ドロシー・カーネギー編、神島康訳『カーネギー名言集』創元社所収）

フランスの大文豪バルザックも、「忍耐は仕事を支える一種の資本である」といい、諺《ことわざ》としても「忍耐は何事も成し遂げる」（フランス）、「粘り強さは目的を達する」（ドイツ）と、昔から成功者の誰もが忍耐の大切さを語っているのだ。

忍耐力で天下を獲った男

この忍耐力で天下を獲った人物がいる。徳川家康である。それを表わしたものが、俗に「徳川家康・東照宮《とうしょうぐう》遺訓」として伝えられる次のものだ。「克己心」「忍耐力」の話には最適と思われるので、記しておこう。

一、人の一生は重き荷を背うて、遠き路を行くが如し。急ぐべからず。
一、不自由を常と思えば不足なし。
一、心に望みおこらば困窮したる時を思い出すべし。
一、堪忍は無事長久の基。
一、怒りを敵と思え。
一、勝つことばかり知りて負くることを知らざれば、害その身に至る。
一、己を責めて、人を責めるな。
一、及ばざるは過ぎたるに勝れり。

徳川家康の偉さは、自分が天才ではないことを知っていたことだ。織田信長、豊臣秀吉は天才だった。天才ではない者が天才をしのぐにはどうすればよいか。それは天才にない資質、すなわち努力と忍耐と協調性をわがものとして部下を大切にすることだった。

信長は革新的であった。秀吉は機知に富んだ明るさで出世した。だから若者には、この二人のほうが人気がある。だが、信長はその傲慢さから家来の明智光秀に殺され、秀吉は天下人にはなったが、一代かぎりで終わった。

それに対して家康は、世界史的にも類のない二百七十年間という盤石《ばんじやく》の長期政権を築いた。そのもとは、この八訓を守り通したからである。人気があることと実力があることとは関係がないことを、この例は教えてくれる。

よくよく読むと、この八訓には人生の蘊蓄《うんちく》が込められている。「不自由を常と思えば不足なし」というのは、最初から「あるもの」と思うから不満や愚痴が出るのであって、もともと「ないもの」と思えば、それこそ「有り難し」（あることのほうが難しいの意）で、感謝するしかないというのだ。

また、「勝つことばかり……」というのは、楽に勝ってばかりいると、人間はいつしか増長し、傲慢になるという意味である。傲慢になると精進《しょうじん》を忘れ、日々の努力をしなくなる。ゆえに「勝って兜《かぶと》の緒《お》を締めよ」という訓戒の言葉が生まれたのだ。

そして、その極めつきが「己を責めて、人を責めるな」である。結果として起きた不祥事を人のせいにするのではなく、自分の至らなさを責めろと教える。

私はこの箴言《しんげん》を聞くたびに、いつも西郷隆盛が遺した『南洲翁遺訓』の一節を思い出す。こんな言葉だ。

「人を相手にせず、天を相手にせよ。天を相手にして、己をつくし、人を咎《とが》めず、わが誠の足らざるを尋ぬべし」

とかく人はなにかにつけて自分が不利な立場に追いやられると、政治が悪い、会社が悪いと外のものに責任転嫁《てんか》をしたがるが、実際のところは自分の努力が足りないのである。だが天を相手にしていれば、人を恨むこともないし、ましてやその責任をほかに転嫁することなどできない。そういうときは「わが誠の足らざるを尋ぬべし」を思い出し、ただひたすら自分の努力の足りなさを反省するしかないのである。

新渡戸流・克己心の養い方

すこし私流の心を強くする法が多くなったが、新渡戸博士の内面の鍛え方を述べておこう。博士はこういうのだ。

「精神的勇気を養わなければ、真の強い人になることはできぬ。真に克つ者は己に克つを始めとして、しかるのちに人に勝つべし。

外よりは手もつけられぬ要害を　内より破る栗のいがかな

栗のイガも強さを助けるものではあろうが、これが力だと思うのは大まちがいである。力は内にある確信と、この確信を実行するためにあらゆる障害に堪えうる意志である。ここに真の強き力がある。

真の力は内に発し、内に練られ、内に磨かれ、内に養われ、内に貯えられ、内より溢《あふ》れて外に流れるから、充分余裕がある。ゆえに内、己に克つものは外、世界にも勝つことができる。己に克つことを能《あた》わずして世界に勝つことは、一時的にできぬことはなかろうが、恒久的に勝利を得ることは難しい」と。

内とは心のことだが、力はすべて心より発し、その心をもって己に克つことができれば、世界に勝つことができる、といっているのである。

では、どうすれば「克己心」を養うことができるのか。これに関しては『修養』のなかに博士らしい実践的な例が並んでいるので、要約してあげておく。すこしのやる気があれば誰にでもできることなので学んでほしいものだ。

一、朝起きの習慣。朝寝坊の人が早起きするということは克己心の第一歩である。眠いとき、寒いとき、起きるのがいやだというようでは克己心など生ずるわけがない。

二、弱点の矯正。ベンジャミン・フランクリン（アメリカの政治家、科学者）は自分の弱点を十三カ条あげて、毎日自分の行動を反省したというが、博士も自分の弱点を数カ条あげて表にし、その行動を反省し、克己心の養生《ようじょう》に努めたという。

三、性急な人がゆったりする習慣を身につけるには。たとえば、ご飯を食べるときに早食いになったら、「急ぎ過ぎ」と思って改める。私の場合でも、旅行などへ出かけるとき、朝の出がけにあわてて持ち物を忘れないように、前夜、その日に持参する物を紙に書き出しておき、確認する習慣をつけるようにしている。それらを繰り返しているうちに、あわて者の悪癖《あくへき》は直る。

四、憎悪の矯正。これはなるべく人の長所を視《み》る習慣をつけるとよい。憎らしく思うから憎らしいのであって、よいところを探し出し、「彼もいいところがあるじゃないか」と思えば、だんだんいやなところは消されていく。

五、怒りたい気持ちを抑える法。博士は札幌農学校の教授だったころ、学生が癪《しゃく》にさわるようなことをしても決して怒るまいと決心した。そのためには教室に入るとき、扉の握りをつかみながら、「生徒が私に対して無礼なことをしても、また癪にさわることがあっても、必ず親切にしなければならない」と自分に言い聞かせたという。それでもときとして怒ることもあったという。

六、他力を使って克己心を磨く。ある女学校でのこと、ひとつの部屋の同居人三十五人が、「部屋のなかでは絶対に仲間の悪口をいわない」という約束をした。どうしても悪口とか野卑《やひ》な雑談をしたくなったら、他室へいってすることに決めた。自室を神聖なる場所にしたら、良好な成績を上げる者もでてきたという。

心優しい博士は、まるで小学生に向かっていうような六つの心得をあげているが、先に私も述べたように、修養の第一歩はこうしたやさしいことから取り組めばいいのである。そして、それが実行できない場合は、「ここが踏ん張りどころ、ガマン、ガマン」といいながらでも、一つひとつやり抜くことが大切なのである。

フランクリンの「十三徳」に学ぶ

だが、さらに向上したいと思う人は、この程度の克己心で満足してはいけない。新渡戸博士が例に引いたフランクリンの箇条書きとは、一般に「十三徳」といわれるもので、次のようなものだ。

一、節制　飽くほど食べてはいけない。酔うまで飲んではいけない。

二、沈黙　自室でタメにならないことを話してはいけない。無駄なおしゃべりをしない。

三、規律　物はすべて所を定めて置くこと。仕事はすべて時を定めてやること。

四、決断　やらなければならないことはやるんだと決心すること。決心したら必ず実行すること。

五、節約　自他に益がないことに金銭を費やすな。すなわち、浪費はするな。

六、勤勉　時間を無駄にするな。つねに益あることに使うべきだ。無用のことはすべて捨て去れ。

七、誠実　偽りを用いて人を害してはならない。心はつねに無邪気に公明公正に保て。口に出すときも同じである。

八、正義　他人の利益を傷つけ、あるいは与えるべきものを与えずに人に損害を及ぼしてはいけない。

九、中庸　極端を避けること。たとえ不法を受け、憤《いきどお》ることがあっても、激怒を慎むこと。何事も行き過ぎはよくない。

十、清潔　身体、衣服、住居を不潔にしていてはならない。

十一、平静　小さな事、日常茶飯事、または避けがたい出来事などに平静心を失うな。

十二、純潔　性交はもっぱら健康ないし子孫のためにのみ行ない、これに耽《ふけ》り、頭脳を鈍らせ、身体を弱め、または自他の平安ないし信用を傷つけることがあってはならない。

十三、謙譲　イエスおよびソクラテスを見習うようにしろ。

あなたもフランクリンのように自分なりの「道徳律」をつくって、実践してみたらいかが。

ほんとうの強き人というのは、このように自分で自分の規律をつくり、心を強く持って、それを守り、実行し、精神をコントロールできる人をいうのである。なかなか難しいことであるが、賢人・英雄だって、もとを正せばわれわれと同じ凡人だったのだ。その違いは、自分なりの鍛え方を発見し、努力した人物だったということである。ともかく実行！

第三章

「心を強くする工夫」

心を弱くする原因を探る

さて、第二章で、外見は柔らかく、内面は強くの「外柔内剛」についてふれ、とくに自分の心に克《か》つことこそ人生成功の秘訣だと述べてきた。だが、心を強くするといっても、いったいなにをどうすればいいかまではくわしく語っていないので、ここではそれを考えていこう。

まず、心を強くするには、逆になにが心を弱くしているのか、その原因を探ることだとして、新渡戸博士はその理由の第一に性格的に神経過敏な人をあげる。

神経過敏な人というのは、一般的にいって自意識が過剰であるため、自分が嫌われているのではないか、相手はなにを考えているのかなど、他人の言動に感じやすい。そのためか、いつも人の顔色をうかがい、相手のいう言葉の表裏も敏感に察知する。敏感に察知するのは頭のいい人ともいえるが、あまりにも自意識が過剰なために、他人から見ればなんともないことでも、気にする質《たち》である。

他人が笑いながら話しているのを見ても、自分の悪口をいっているのではないか、バカにされているのではないかと思い、その輪に入っていくこともできなくなる。仕事をやっても、「ちゃんとやらなくては」とあまりにも完璧をねらいすぎるために緊張し、その結果、失敗する。どうにか仕事を終えたあとも、「これでよかったのかしら」と心配し悩む。

そのため、なんでもないことに傷つきやすく、恥をかくことを恐れるのだ。こうした恐れが、かえって臆病心を抱かせ、人の前に出ることすらイヤにさせてしまうのだ、と新渡戸博士はいう。

博士が自分の若いころの経験談を披露する。

「じつは自分も若いころ臆病だった。小学生のころまでは、かなり大胆不敵で、おしゃべりもよくしたほうだったが、二十歳前後のころからそうなった。人につねによく思われたいとの思いが、そうさせたのであろうが、そのため引きこもりがちになり、人前に出るのを嫌い、人に顔を見られるのさえ怖れた。いまになってその理由を顧みると、身体の具合、ことに目が悪かったことに関係していたのではないかと思う」

昔はいまのようにファッション的な眼鏡《めがね》もコンタクトレンズもなかったので、それが似合っているかどうか、壊したらどうしようかなどと博士も考えたのだろう。いまと違って昔は眼鏡が高かったからだ。この自意識過剰が博士を引っ込み思案にさせたのである。

このように、気にしたら八重歯一本でも気になる。これは世間に多く見られることで、笑われはしまいか、憎まれはしまいか、嘲《あざけ》られはしまいかと思ってしまうのだ。

とくに年ごろの女性によく見られるように、自分の容姿を気にしすぎて引きこもりがちになることもある。これらの問題は、他人から見ればどうということはないのだが、自意識が過剰なため本人にとっては重大な問題となるのだ。

容姿美人より性格美人であれ

では、これらを矯正するためにはどうすればよいのかということだが、新渡戸博士は次のようにさらりという。

「端的にいってしまうと、やはり気にしないことがいちばんだ」と。

なぜなら、神経過敏な人は一般的には「シャイな人」（恥ずかしがり屋）と同類の人で、経験が少ないためにそうなることが多く、若い人の特徴といえるからだ。

その証拠は、中年のおばさんたちである。あのおばさんたちにも、昔は花も恥じらう娘時代があったのであるが、人の世の経験を積み重ねるうちに、いつとはなしに図々しくなっていったのである。だから、気にするより慣れることがいちばんの薬なのである。

また、私は美人じゃないから恋人ができないなどと嘆いている人も、「たで食う虫も好き好《ず》き」という諺《ことわざ》があるように、結婚相手が現われないということはない。「美女と野獣」という言葉もあるように、その逆もある。美人か不美人かは好き好きの問題で、これは俗に「取り越し苦労」といわれるものである。その人にどこか魅力があれば、必ず好きな人は現われる、と。

博士の話によると、アメリカ大統領のリンカーンは有名な醜男《ぶおとこ》だったそうだが、親しく接した人は誰もが、このリンカーンの青ざめた長い顔、大きな口、落ちくぼんだ眼も忘れて、その慈愛に富んだ表情に魅了され、リンカーンは誰からも愛されたという。

となると、問題は、この魅力ということになる。魅力とはなにか。容姿は持って生まれたものなので、いまさらどうすることもできないが、性格は変えることができる。性格が変われば、その容姿だって魅力的になり、リンカーンのように人を惹《ひ》きつけることもできるのだ。

そのためには、「容姿美人より性格美人になれ」ということだ。顔の改造はいまなら整形手術ということも可能だが、それは失敗することもあるし、年をとるたびにさらなる改造が必要になる。だが、性格の改良はやる気になれば誰でもできるし、それは一生の財産となる。

そして性格が明るくなり、人柄がよくなれば、ただちに顔に表われ、必ず人を惹きつけるようになる。とくに現在は、顔や容姿よりキャラクターのほうが重視される。これについては、いまをときめく若手お笑いタレントたちが実証しているではないか。

心を陽気にして積極的に生きる

とはいえ、博士は簡単に「気にしないことだ」というが、それができないから悩んでいるのである。しかも魅力的な性格の心に変えるといっても、そうそう簡単にできるものではない。では、どうすれば心は改良できるのか。

博士は具体的な話をしていないので、ここでは私の持論を述べる。

まず根本的な改良は、引っ込み思案の臆病心を取り除くことだ。その方法は後ほど徐々に述べるが、結論から先にいえば積極的な心に変えること。積極的な心とは心の根っこが「陽気」であり、消極的な心には「陰気」が宿っている。だから、消極的な心を取り除くには、心をつねに陽気にしておくこと。つまりは明るく元気にさせておくということだ。

親しい医者から聞いたことだが、人間の本質論からいえば、最初から消極的に生まれた人はいない。それは赤ちゃんを見ればわかる。赤ちゃんはお腹が空いたら泣いてミルクを求めるし、ハイハイを始めたら立つことを自然と覚えていく。なにに対しても興味を持ち、毎日毎日成長している。これが自然の摂理《せつり》なのである。それがいつのまにか積極的な人と消極的な人ができるというのは、後天的な育ち方のせいである。

消極的で臆病といった性格を調べていくと、たいていの場合が幼少時代にお母さんから過保護に育てられている。自分でしなければならないことを、すべてお母さんが先にやってしまって、自主性というものが育っていないのだ。また、いうことをきかないので怒られた経験の多い子どもも、いつのまにか消極的になってしまうそうだ。だから、消極的性質は先天的なものではなく、本質的な積極的な心にもどせばいいことなのである。そして、それは努力すれば直せるのである。

その第一歩は、どんな些細《ささい》なことでも、いまの自分の心は積極的だろうか、消極的だろうかと検討すること。そして、すこしでも消極的な心が出ていたら、「明るく元気、明るく元気」と唱えて、それを追い払うことだ。

心の本質はいつも「快い状態」を欲しているので、陰気なマイナス思考を取っ払って、カラ元気でもいいから明るく陽気に振る舞うことである。そうすればおのずから陰気心はどこかにいってしまう。

昔から「笑う門《かど》には福来《きた》る」というが、これは普遍的な真理である。すでに病気の回復治療でも、この笑いの科学的効果が活かされて、実践されていることがなによりの証拠である。

そして消極的なマイナスの陰気がもっとも恐ろしいのは、病気のもともこれが原因になっていることだという。先の医者が話す。

「消極的な人は心配性の人が多い。心が陽気ではないので、何事につけ暗く考えがちだ。すると、人間の身体と精神は奇妙な関係があるので、その心配事はストレスとなり、循環器、消化器、リンパ腺などの神経系全体に悪影響をおよぼし、それが高じれば病気になるのです」

昔から〝病は気から〟というのは、これを指してのことだ。その証拠に、この医者は、「病院に通っている患者の八〇パーセントは、精神的なことが原因で病気になっている」と指摘するのである。

いまさらいうまでもないが、こうした事実は多くのサラリーマンが知っている。たとえば、心身症という病気がある。その代表的なものは自律神経失調症だが、これが重くなると胃潰瘍や十二指腸潰瘍といったものまで併発する。原因はさまざまだが、すべては抑圧された精神によって引き起こされている。つまり、ストレスが身体の病気となって現われるのが心身症なのである。

そして、このもとが陰気な消極的な心から発しているとなれば、「私は消極的だから」といっていないで、マイナスをプラスに転化させなければならないことはいうまでもないだろう。

顔には笑顔、言葉には愛語
消極的な心が身体にも精神にもよくないことがわかった。では、どうするか。

私が社員研修などで実践している一例を示そう。現在、私が指導しているグループに、美容師さんと居酒屋の店員さんたちのグループがある。どちらも接客業だ。接客業で人に会うのがいやだからと、引きこもりがちでは商売にならない。

そこで標語として「いつも明るく、元気で、美しく。親切、勤勉、正直をモットーに」を掲げ、お店に出るときは必ず姿見の前で、服装と笑顔のチェックをして、この標語を十回、笑顔と大声で唱えるようにさせている。こうして日常的に心を陰気から陽気に変えるのである。

「ぶすーっとしているから醜女《ぶす》になる」とのダジャレもあるように、暗い顔をしているから性格も暗くなるのである。大声を出すことは元気の源であるし、笑顔になれば自然と心も開放的になる。ましてやこの笑顔は手術代がかからないばかりか、自分も周りの人も明るくなる。

こんなに安くて便利なものはないのだ。この方法を毎日やっていると、一カ月くらいで彼らの態度に変化が出てくるから不思議だ。

そしていまひとつ、心を内面から明るくするには「愛語《あいご》」の訓練が必要である。「愛語」という言葉は道元禅師《どうげんぜんじ》の『正法眼蔵《しょうぼうげんぞう》』に出てくるものだが、つまり相手を元気づけ、癒《いや》すような慈愛の言葉を使うことである。聖書には「最初に言葉ありき」とあるが、日本にも昔から「言霊《ことだま》」というものがある。言葉には不思議な霊力が潜んでいるという意味だ。その典型例が「呪文《じゅもん》」である。呪文は人を殺すことも活かすこともできるといわれている。

いうなれば言葉というのは、人間の意思表示の代表的なものなので、「困った」「弱った」「難しい」と悲観的、否定的な言葉を多く使う人は、その人の消極的な心を表わし、逆に「やらせてください」「がんばります」と積極的な言葉を使う人は、前向きな人であることを証明している。

ところが、われわれは日常的に使う言葉について意外と無頓着《むとんちゃく》である。発する言葉と心が直接に結びついているなどとは、ほとんどの人は考えていない。だから、思うがままに、「困った」「弱った」「助けてくれ」「できません」「疲れた」などと、マイナス発想の言葉を無意識に使ってしまう。

そこで、こうした暗くなるようなマイナス言葉は〝悪魔の言葉〟として、職場では使わないようにし、逆に元気が出る「大丈夫」「私がついてる」「やればできる」「ドンマイ、ドンマイ」といった明るい積極的な言葉、すなわち「愛語」を使うように教えている。

ある店ではマイナス用語を使ったら、一言千円の罰金がとられるほどだ。まるで矯正ギプスを着けられているような状態だ。みんな千円が惜しいので、この店ではパッタリと弱音を吐くような言葉は使われなくなった。

道元禅師によれば、この「愛語」の訓練は相手を思いやる「愛情」の訓練にもつながる。「愛語よく廻転す」といわれるように、言葉ひとつで自分も相手も元気になる力を与えてくれるのである。

この笑顔と愛語を合わせて、私は「和顔《わがん》愛語」という四字熟語をつくり、接客スタッフに徹底的に仕込んだら、店は一気に明るくなり、売り上げも伸びるようになった。当然だろう。スタッフが明るく陽気でお客様を大事にする心まで養われるのだから、お客様からの評判もよく、常連客が増えたのである。雰囲気の暗い店にいくお客様などいないからである。

明るい性格をつくろうと思ったら、まずは笑顔と愛語。ウソだと思ったら、あなたも試してみてはいかが。これはかなりの効果がある。

消極的な言葉は〝悪魔の言葉〟

じつは、この「和顔愛語」は、私が敬愛している中村天風先生（日本最初のヨーガ哲学者）から教わったものをアレンジしたものだ。

天風先生については、私も『中村天風　心を鍛える言葉』（PHP文庫）を出させてもらっているので、くわしいことはそれを読んでもらいたいが、天風先生の著作を読むとホントに元気になる。気が落ち込んだとき、滅入ったときでも、あら不思議、たちまち気分爽快となるのだ。聞くところによると、この本は病気の人の見舞いに最適な本だという。事実、私も、病気中にこの本を読んで元気になった、というお礼の手紙を何通かいただいている。

新渡戸博士も天風先生を知っていたら、おそらく参考にしたことだろう。心を強くする工夫においては、博士も天風先生も本質的には同じことをいっているのだが、天風先生のほうがより具体的で歯切れがいい。

たとえば、言葉の使い方で積極的精神を持ちたいと願う人は、愛語のところで述べたように、消極的な言葉は〝悪魔の言葉〟と思って、「使うべからず」という。そして、最悪なものが「不平不満の愚痴」である。

心に満たされないものがあると、われわれはすぐにグチをこぼす。勉強のできない者は「家庭教師をつけてくれれば、もっと成績が上がるのに」とか、仕事が困難になると、「これは最初から無理だったのだ」「もうすこし予算があれば」とか、挙げ句の果ては、自分が招いた不幸でも「親が悪い、上司が悪い、社会が悪い、政治が悪い」と、かぎりなく他者のせいにする。

だが、不満やグチをこぼす人に与えられる評価は、同情よりもむしろ軽蔑だということを忘れてはいけない。「アイツはいつもグチばかりこぼして」と、嫌われるのがオチである。

失敗や不運を、努力もしないで他者のせいにするのは簡単である。だが、これは自己中心的な甘え以外のなにものでもない。ないものねだりの希望的観測にすがっていても、事は解決しない。世の中にはもっと恵まれない環境のなかで、立派にやり遂げている人もいるのである。

愚痴や未練は価値のない世迷い言

そんな人に対して、天風先生のこんなゲキが飛ぶ。

「不平不満、グチ、未練は、価値のない世迷《よま》い言です。もっといえば自己中心的な利己主義者のいうセリフです。グチをいえば物事は解決しますか。よしんば、不平不満を並べたとして心は気持ちがいいですか。まわりの人は楽しいですか。どうして、心に気持ちのいいことをいわないの。それは感謝という心をなくしているからだ」（『心を鍛える言葉』）。

たとえば、仕事がうまくいかなくて悩んでいる人がいたとする。こういうときでも、「オレはどうして運が悪いんだろう」などと嘆かないで、なにか自分の心構えなり方法なりにまちがいがあったのではないか、それを、いま天が教えてくれているんだと反省し、大事にならなかっただけましだったと感謝する。そして、「よし、それなら、もう一度、やり直してみよう」と積極的になって前向きに考えろ、というのだ。

そういわれてみても、凡人にはこれがなかなか難しい。たとえば人生で、もっと不幸と思える大病や挫折に遭遇して、感謝しろといわれても、「ハイそうですか」といえる人はほとんどいないだろう。

それに答えて、天風先生はこういうのだ。

「そもそも病気とか挫折とかというものの原因を考えてごらんなさい。自分に何の落度もなくて、病気や挫折が訪れるはずはないのです。世の中はすべて因果応報《いんがおうほう》の法則で動いている。自分のこれまでの生き方にどこか過《あやま》ちがあったがために、そうした結果になっているんではないですか」(前掲書)

考えてみればたしかに、先天的な病気以外は自分が招いた結果である。私自身もすでに大腸ガンを患った人間であるが、その原因を考えてみると、暴飲暴食を重ね、野菜嫌いで肉類ばかり食べていた。しかも〝仕事師〟を自慢していたので超ハードなスケジュール。おまけにいつも睡眠不足で、ヘビースモーカーの運動嫌いときている。私の家系にはガン患者がいなかったので、ガンは関係ないと油断していたのである。

そう考えると、たしかに現在の自分は過去の自分がつくったものであるのだから、その意味ではまさに自業自得《じごうじとく》。だから誰かを恨むわけにもいかず、せめて命が助かったことを感謝するのみだったのである。

そして、いまの私はガンとつきあいながら、「生かされた命」を大切にし、これまでの悪行《あくぎょう》の数々を反省するとともに、すこしでも世のため人のためになればと、物書きでありながら、求められれば講演やセミナーなどで「人間学」のお裾《すそ》分けをしているのである。

天風先生は、そこのところをこう説明する。

「本来、天は人間を万物の霊長としてお造りになった。絶大なる力をあたえてくださった。だから不運や挫折を招くということは、その人がどこかでその使い方を間違えてしまったのである。それが自業自得の意味だ。

だが、天は言葉を持たない。だから不幸や不運という事実をもって、その間違いを自覚するよう教えているんだ。それを思えば、恨むどころか、感謝に振りかえて、誤りを是正するほうへと、自分の心を積極的に向かわせることのほうが肝心でしょう」

不幸だとか不運だとか嘆いたとしてもなんの解決にもならない。「和顔愛語」の和顔は、どんなに苦しいときでも笑顔という意味だから、自分はいま神様に試されているんだくらいの気持ちになって、「しようがないなぁ」と苦笑いをするしかないのである。

要するに、モノは考えよう。気持ちは持ちよう。苦しいと思うから苦しいのであって、「苦中、楽有り」というように、苦労のなかにも楽しみはあるのである。そこまでわかると、かなりの人物になれる。

正直に最善を尽くすことが最大の武器

さて、『自警録』にもどって、新渡戸博士は心の弱さを産み出している原因の第二は、「怖気《おじけ》づく」ということであるという。「自分にはとうていこの仕事はできない」とか「偉い人の前に出たとき上がってしまう」とかいった場合である。

博士は自分がアメリカで最初に講演したときの例をあげて説明する。聴衆は千人。スピーチは英語。壇上には市の有名な人びとが並んでいる。その荘厳《そうごん》な光景を見て、さすがの博士も怖気づいて、手足はブルブル震え、瞬時、こんな講演など引き受けなければよかった、との思いが脳裏《のうり》を横切った。退席しようかとも考えたが、もはやそれもできない。

そのとき、二つの考えが頭に浮かんだ。ひとつ目の考えとは、「ナニ奴らだって、服装こそきれいで、金持ちかもしれぬが、高《たか》の知れたものである。これから述べんとすることは、日本に関することではないか。この点については僕のほうが彼らより優れている。少なくとも日本に関する知識においては、彼らはゼロ同然である。かかる人を相手にするのに、どうして怖れることがあるのか」と、会場の人びとをジャガイモが並んでいるくらいに考え、彼らを呑んでかかろうとしたのだ。だが、そうは思ったものの、そんなカラ威張りは通用せず、ますます身体はガタガタと震えた。

そこでまた、いまひとつの考えが起こった。

「この会場に詰めかけた人びとは、日本に関する知識を求めにきたのだから、決して自分の雄弁や能弁を聞くつもりできたわけではない。日本人が英語を操るのだから、ブロークン英語でもかまわない。もし彼らが半分でも僕の演説を理解してくれたなら、彼らは若き日本の青年がよく英語で話してくれたと感心するだろう。たしかにこの演説は自分にとって責任が重い。しかし、心ある聴衆ならば、その任の重い役割に対して同情してくれるだろう。演説中に笑う者がいたとしても、それは冷笑ではない。また話が支離《しり》滅裂《めつれつ》になったからといっても、それで日本人の名を汚すこともあるまい。ブロークンながらも、怯《お》めず臆《おく》せず、誠心誠意元気にやろう」

と勝手な理屈を考えて、覚悟を決めたら、いままでの震えがとまったという。

この二つの考えはなにが違っていたのか。なぜ第一の考えでは手足の震えはとまらず、第二の考えのときはとまったのか。

要するに、第一のときは、自らを奮い立たせ、英雄豪傑気取りでやろうとしたのがいけなかったのだ。それだけの実力がある者ならまだしも、力なき者が力ある者のような振る舞いをするということは、自分を欺《あざむ》き、聴衆を馬鹿にした態度である。自分にやましいところがあるため、身体のほうが自然と拒否反応を示したのだ。

それに対して第二の考えは、相手の善意を信頼し、自分のできる最善の力を尽くそうとの決意である。誠実に魂をもって語るならば、意はおのずから通じるとの思いが、博士の心に平常心を持たせたのである。

そこで博士はいう。

「怖気る人の参考にしてもらいたい要点は、相手を信じてかかれということである。渡る世間に鬼はいない。鬼でさえ頼めば人を食わぬという。窮鳥懐《きゅうちょうふところ》に入《い》れば猟師もこれを殺さずだ。怖気心のある人、臆病な人は、正直にありのままの姿で最善を尽くすこと。これがいちばんの成功の秘訣である」

私もそう思う。もちろん、成功するための準備は必要であるが、博士のいうとおり、いくら付け焼刃《やきば》で繕《つくろ》ったところで、すぐに馬脚を露《あら》わしてしまう。ウソはすぐにばれる。いつの世でも、いかなる社会でも、正直こそは最大の武器なのだ。これが社会の鉄則である。

正義を守りて怖るることなかれ

ところで、何事かに対処するとき、心が弱くなる原因の第三は、自分に自信がないときである。学問上のことはさておき、日常的なことは、人は自分の心に暗いところ、やましいところがあれば、みずからを信じることができなくて、おどおどした態度になる。相手の目を見て話せないのもこのためだ。

仕事や講演といった行為に関しては、経験が積み重なれば、それなりに問題は解決する。だが人と話すとき、とくに目上の人と話すときは、自分の心にやましいところが一点でもあれば、そうした場面に人は自信を持って臨むことはできないだろう。

そこでこうした場合は、自分はなにも悪いことをしているわけではないのだから、他人が信じなくても自分は自分を信じる、といった強い信念を持たなければならないと、新渡戸博士はいう。そして、博士自身はシェークスピアの言葉、「正義を守りて怖ることなかれ」の一言を胸に秘めてぶつかっていったという。

事実、自分が正しいと信ずる者は、心にやましいところがないので、いかなることがあっても怖れない。したがって、目上の人であろうと、敵対者であろうと、どんな人の前に出ても怖《おじ》ける必要はないのである。このときも最大の武器は正直ということである。

たとえば、宗教改革を唱えたマルチン・ルターは、ある期間、旧宗教家たちの反対にあって、生命の安全さえも危ぶまれていた。ある日、反対者の集会に呼ばれたことがあった。彼の友人たちはその出席をやめさせようと、

「今日は一日、家にいろ。一歩外へ出れば生命の保証はできないぞ」

と戒《いまし》めたが、ルターは昂然《こうぜん》として、

「たとえ身にどんな危険が迫ろうとも、心にやましきことがない以上、なにを怖れるこ

とがあろうか」

といって出席したという。

この話からは、かの孟子が、イザというときの心構えとして説いた、「自ら省みて縮《なお》くんば、千万人といえども、われ往《ゆ》かん」（自分で反省してみて正しい場合は、たとえ相手が千万人であろうとも、自分は恐れずに進んでいく）と同じ気概が伝わってくる。

それゆえに新渡戸博士は、恐怖心の根本的な矯正は、「自分は正しい」と自覚することにあると教えるのである。

自信をもたらす原理原則

たしかに新渡戸博士のいうとおりであるが、ルターや孟子は鍛えられた心を持っていたから、毅然《きぜん》とした態度で臨むことができたのである。だが、われわれ凡人はそうはいかないだろう。われわれにとっての問題は、いかにすればルターや孟子のように、強い心の人になれるかということである。あるいはまた、自分にやましいところがないとは、どういう状態のことをいうのか、ということである。

新渡戸博士は日常的な対処法を教えてくれるが、根源的なところまでは追究していないので、ここでは私が学んだ儒教から引用してみる。いわば人間の心を鍛える原理原則である。

儒教では、博士のいう修養を「修身」とか「修己《しゅうこ》」とか名づけて、人格形成の根本として「仁・義・礼・智・信」の五常の徳をあげている。そしてこれらを日常的に実行することをすすめている。

簡単に説明しておくと、「仁」とは相手をおもんぱかる心。すなわち優しさのことで、武士道ではこれを「惻隠《そくいん》の情」という。「義」とは、人としての正しい行ない。すなわち正義のこと。「礼」とは礼節・礼儀のことで、仁と義を形に表わしたものをいう。「智」とは叡智《えいち》・創意工夫のことで、バランスのとれた知恵のこと。そして「信」とは、信用・信頼のことである。

具体的にいうなら、

「人には優しくあれ」

「弱い者をいじめるな」

「人に迷惑をかけるな」

「正直であれ（ウソをつくな）」
「約束を守れ」
「卑怯《ひきょう》なことをするな」
「日々の仕事を工夫しろ」
「身だしなみを整えろ」
「礼儀をわきまえろ」

といった基本的な道徳、つまり常識のことで、そうすれば社会人としてもっとも大切な「信用・信頼」を得ることができる、と説くのである。

前に「一人前」について述べたが、道徳的にはこれらを実行できている者をいうのである。だが、これらは言葉で表わすと簡単だが、それを日常的に実行するとなると、いかに至難の業《わざ》であるか。「人には優しくあれ」「弱い者をいじめるな」という「仁の徳」ひとつをとっても、現実には大人さえ実行できていないのである。

しかしながら、人格を高めるには、これが必要最低条件なのである。ゆえに、自分にやましいところがない、と断言できるのは、こうした五常の徳を守っているということと同義なのである。すなわち、誰に対しても親切にし、正直で、礼儀正しく、創意工夫に努め、信用される人物になっておくことである。

独立自尊の精神を養う

そして、いまひとつ、私がつねに心に留めている箴言《しんげん》は、福沢諭吉がいうところの「独立自尊」という発想である。心を強くするときは、この独立の精神こそ要《かなめ》である。

福沢の述べるところによれば、独立とは、「自分で自分の身を支配して、他人に頼る心がないこと」である。すなわち、他人の考えに左右されずに、自分で物事の是非を判断し、行動し、その行動に責任を持てる人を独立人という。

では、独立心が養いきれない、つまり、まだ一人前ではない人は、どういう者をいうのか。福沢の激烈な言葉が並ぶ。

「独立の気力なき者は、必ず人に頼り、人に頼る者は必ず人を怖れるようになる。人を怖れる者は必ず人にこびへつらうようになり、つねに人を怖れ、へつらう者は、しだいにこれに慣れて、その面《つら》の皮、鉄のようになり、恥ずべきことを恥じず、いうべきことをいわず、人さえ見ればただぺこぺこと腰を折るようになる。目上の人に会えば、一言《いちごん》半句の理屈を述べることもできず、立てといわれれば立ち、舞えといわれれば舞い、その従順なことは、家で飼っている痩《や》せ犬のようだ」（『学問のすゝめ』より現代語訳）

人を頼るということは、人からカネを借りたり、世話を受けたりすることを指すのだが、堂々と生きるには、人の世話など受けず、すべて自分でやれ、というのだ。要するに、他人から世話を受けたり、物をもらったりすると、そこに「借り」ができ、借りができると負い目を感じ、対等なつきあいができなくなるからである。

たとえば、人からいくらかのカネを借りたとする。あるとき、貸してくれた人との間で口論となった。「返却はいつでもいい」と相手はいいながらも、借りた人が正当なる理論をいって、相手を追いつめると、その人は豹変《ひょうへん》して、「なに生意気なことをいっているのだ。そんな態度はカネを返してからにしろ」といいだすはずだ。借りるということは、その瞬間において、対等の関係ではなく上下関係になっているのである。

ましてや、会社に就職するとき、上司のコネで入社したとなると、おそらくその上司には頭が上がらないだろう。だから、福沢は「人に頼るな」というのである。

後藤新平の言葉に、「人のお世話をするよう、そして報いを求めぬよう」というのがあるが、これは貸したほうの立場の心得を述べたものだ。人の心というものは、無意識のうちに上下関係をつくり、世話を受けたほうはつねに一歩下がっていなければならなくなる。貸し借りのない関係、これがないと、世間を堂々と渡ることもできなくなるのだ。

したがって、自信を持つということは、「仁・義・礼・智・信」の道徳律を守り、福沢のいうところの「独立人」になることをいうのである。新渡戸博士の『武士道』も、こうした人格形成の書であるので、人として根本的な鍛え方を知りたい人には、こちらを読むことをおすすめする。

悪口にどう対処するか

さて、人間関係のなかでもっとも不愉快なことは、他人から悪口をいわれたときである、と新渡戸博士はいう。私などは根がノー天気なので、勝手にさらせとあまり気にしないが、博士は有名人だったので、われわれとは次元が異なるところでの悪口をいわれたのだろう。

それはともかく、たしかに人の悪口は好ましいものではない。とくに誹謗中傷《ひぼうちゅうしょう》といった悪意のある悪口は、それを何度もいわれると気の弱い人はノイローゼになるほどだと、体験者の多くは語る。

賢人や英雄でも悪口を気にかける例として、新渡戸博士はこう書いている。

ソクラテスは容貌の醜い人だったので、人びとは彼を誹謗するとき、必ずこの容貌の悪口をいった。しかしながら、彼は人格者だったので、そんな悪口をいわれても、ともにその談話に加わり、自分の眼が飛び出しているのは、四方八方をよく見るためであり、鼻の穴が天井を向いているのは、他人の嗅《か》げないものを嗅ぐためだと、笑い飛ばす人だったそうだ。

だが、それでも自殺をするさいには、ヘムロック（毒薬）の杯を取りながら、「いよいよ私が死んだら、もはや私の容貌の醜さを笑う人もいまい」との一言を残したという。となれば、日ごろは悪口など笑い飛ばすほどのソクラテスでも、やはりどこかで不愉快な気持ちを持っていたのだと思われる、と博士は書く。ましてや凡人においてはなおさらだと。

博士はこのように解釈しているが、私の解釈はすこし違う。たしかに凡人の場合は悪口を気にするであろうが、ソクラテスは人格者である。人格者であるならば、悪口を解消する術《すべ》は知っていたであろう。となれば、この場合のソクラテスの言葉はウイットの一種ではなかったのか、と思うのだ。

たとえば、戦後すぐに首相となった吉田茂は、ワンマン宰相との渾名《あだな》があった人だが、この人が誰かに、

「どうしてあなたは、いつもそんなに元気なのですか」

と皮肉をいわれたとき、

「私は人を食っているから」

と煙《けむ》に巻いたという。これはソクラテスの一言と同じで、世事に通じ、心に余裕がある人だったからこそ、こうした言葉が出てくるのである。

ところで、新渡戸博士が偉いのは、悪口への対処法として、悪口を心を強くする工夫に置き換え、逆に自分を強くしてくれる修養の助けにしたといっていることだ。つまり、悪口をいわれた場合は、その悪口に乗らずに戒めの糧《かて》とし、次のことを提案するのである。

一、悪口をいった人を怨《うら》まないこと。

一、その悪口に怒らないこと。
一、悪口をいわれてヤケにならないこと。
一、悪口に対する弁解をしないこと。
一、悪口をいわれて落胆、萎縮しないこと。

そして、悪口への対処法として、もっとも立派な態度を示した見本として、江戸時代の白隠和尚《はくいんおしょう》の例を引いている。

白隠和尚は、檀家の娘が妊娠して白隠和尚のタネを宿したと白状したとき、世間の人から生臭坊主《なまぐさ》と非難された。ある人がそれを告げると、白隠和尚は平然として、「ああそうかい」といい、子どもが産まれたあとは、自分でその子を抱いたりした。だが、のちにその子が白隠和尚のタネではなく、娘が一時のがれに和尚の名を出したことが明らかになったときでも、「ああそうかい」といって、世間の毀誉褒貶《きよほうへん》には無頓着であったという。

新渡戸博士は自分も悪口に対しては、こうした心がけをもって臨みたい、と結論づけている。人の噂も七十五日、いわせたい者にはいわせておけばいいのだ。

あの坂本龍馬は、こんな歌を残している。

世の中の人はなんとも言わばいえ　わが為すことは我のみぞ知る

悪口は、いっている人の嫉妬心《しっとしん》から出ている場合が多いので、ある意味では人気のある証拠。悪口のひとつもいわれない、忘れられた存在のほうがもっと悲しいではないか。フランスの諺では、「愛情の反対は憎悪ではなく、無視されることである」というそうだ。

いい噂は立てられたいのに、悪口をいわれるのはいやというのは矛盾したことである。坂本龍馬のように、自分に落ち度がなかったら、悪口も人気のバロメーターくらいの広い心で受けとめることである。

第四章

「人生の勝敗とは なにをいうのか」

世にはびこる者は憎まれる

「憎まれっ子世にはびこる」という諺《ことわざ》がある。人に憎まれるような人間が、かえって世間では幅をきかせている、という意味である。新渡戸博士はこの意味を「世にはびこる者は憎まれる」と逆説的に解釈する。

どういうことか。本来、はびこるとは、「草木がひろがり茂る」という意味だが、それから転じて、よくないものの勢いがさかんになる、幅をきかせるなど、悪いほうの意味で使われるようになった。ところが博士は、これをはびこるほうの立場からとらえ、この行為は自分の天命をまっとうしようとしているのだから、天から見れば悪いことではないのではないかというのだ。

事実、世間にはびこる人を見ると、その多くは図々しく見えて憎まれがちではあるが、親しくその人に接して、その動機や行動を見ていると、むしろ感服することのほうが多いというのだ。つまり博士のいう「はびこる人」の意味は、社会において自分の主義主張を貫いている人、一途《いちず》に物事を成し遂げて成功している人を示している。

たしかに、わが道を往くといった唯我独尊《ゆいがどくそん》的な人や、これが自分の天職といって頑《かたく》なに独立独歩する人は、ほかの人から見ればつきあいにくく、邪魔者あつかいされるかもしれない。だが、そのくらいの強い意志を持って進まなければ、何事も成功することはないのではないか、というのだ。

たとえば、キリストである。彼は自分の思想を忠実に実行したために、時の為政者《いせいしゃ》からは邪魔者扱いされたし、旧宗教の人には憎まれたのである。ソクラテスにしても、当時の乱れた社会を批判したから処刑されたのである。このように、「世にはびこる者は憎まれる」というのも真実なのである、というのが博士の解釈である。

いわれてみればそのとおりで、もし誰からも愛され、誰からも好かれるような人がいたとしたなら、「八方美人」という言葉が悪い意味の言葉として使われるように、こういう人はよほどの偽善者か自分の意志のない人であろう。なにかを主張すれば必ず反対の意見をいう人が現われ、なんらかの行動を起こせば必ず他人との摩擦が生じる。それが世の中というものだ。

となれば、誰からも憎まれない「よい人」というのは、「どうでもよい人」であって、憎まれないというより相手にされていない人であり、何事も成し遂げることができない人ともいえるのである。ゆえに博士は、もし自分に主義主張なり志なりがあるのなら、たとえ憎まれたとしても「はびこる人」になれ、というのだ。幕末維新の推進者を見るまでもなく、歴史はこうした「はびこる人」によってつくられてきたのである。

人生はジレンマとの戦い

とはいえ、改革者や変革者といった高い志のある人はまだしも、普通、人は誰でも憎まれるのは気分のいいものではない。いやなことである。だが、いやだからといって「瓢簞《ひょうたん》の川流れ」のように浮き世のままに、あっちにふらふらこっちにふらふら流されるのは、これまた望むところではないはずだ。すこしでも自分の意志を持っている人や目的がある人は、必ず誰かに批判されたり反対されたりするのが世の常だと思って、それに負けずに進むくらいの意志が必要なのである。

むろん、いかにはびこるといっても、人に迷惑をかけるような傍若無人《ぼうじやくぶじん》に振る舞えというのではない。独り孤立して世の中を渡れない以上、みんなと仲良くするためには配慮や遠慮も必要である。だが、反対があるから、妨害があるからといって、みずからの志を中途半端に終わらせてしまうのは、もっと情けないことではないか。問題は、どのようにすれば互いの調和がとれるかということである。

本来、何事かを成そうとする意志や義務の衝突は、根底においては矛盾するものではない。志や義務そのものは絶対的である。だが、その志や義務にも個人的には軽重《けいちょう》、本末、大小、遠近といった相対的な関係があって、決して絶対的に同等ということはありえない。

だが、なにかを起こそうとすると、ここに自分と相手との間でその軽重、本末が問われ、実行するとなると衝突としての摩擦が生じるのである。これを、新渡戸博士はジレンマという。

どういうことか。身近な例でいうと、実母と嫁が口喧嘩をしているとする。間に立って聞いている夫は、それぞれの言い分がわかるので黙っている。このとき実母が、「あんたはどう思う」と息子に聞く。

息子としては双方とも一理あるので、母親の味方をするわけにもいかず、かといって嫁の味方をするわけにもいかず、「どっちもどっちだよ。ま、仲良くやれよ」といった答えで適当にはぐらかそうとする。すると実母と嫁の両方から攻撃が始まって、息子はとんだ災難となる。この息子の立場がジレンマである。

読者のなかにも自分の意志を通すために、親の反対意見を押し切って、自分の好きな職業に就いたという人が必ずいるはずだ。親のいうことを聞くか、自分の意志を通すか、これがジレンマである。

このように、どんな小さなことでも、なにか意見をいったり行動を起こしたりすれば、なんらかの衝突は避けられないのである。その昔、源平の時代、平重盛《たいらのしげもり》という人は、父親の平清盛《たいらのきよもり》と仕えていた後白河法皇との間に立って、「忠ならんと欲すれば孝ならず、孝ならんと欲すれば忠ならず」と悩んだというが、こうしたジレンマはわれわれの日常でも多く見られる。

立ち往生するほどの悩みではないが、たとえば時間がないとき、どの仕事を優先させるか、今日の昼ご飯はなににするか、どっちの電車に乗ったら早く着けるかなど、小さなジレンマや悩みは数かぎりなくある。

だが、前述の平重盛のジレンマなどは、自分の人生を賭けた悩みであり、その場面は人生の分岐点ともいえるだろう。こうした大きな悩みはめったにあることではないが、誰でもこうしたジレンマや悩みを克服して、成功を勝ち取ってきたのである。その意味で、人生とはジレンマとの戦いといってもよい。

よい行為でも必ず反対する人がいる

新渡戸博士はジレンマについてこんな話をしている。

南北戦争の英雄リー将軍は、南軍につこうか北軍につこうかと、終日悩みつづけ、神に跪《ひざまず》いてその判断を問うたという。結果として義理の重さで南軍につくのだが、こう決断するまでの苦心はいかばかりであったろうか。

わが日本でも織田信長が桶狭間《おけはざま》の戦いを仕掛けるとき、西郷隆盛が西南戦争に立ち上がったとき、どれほど心を悩ませたことか、われわれ凡人にはうかがい知れぬことである。だが英雄や賢人たちは、勝敗に関係なく、みずからの志や所信を貫いたからこそ、英雄・賢人になったのではないのか、というのだ。

たとえよかれと思った行為でも、それを行なえば、そこには必ずそれを喜ばぬ人、反対する人が現われるのが世の常である。

たとえば、あなたが憫《あわ》れな人に出会って、この人を救ったとする。その行為が義侠《ぎきょう》心《しん》から出たとしても、一方ではその行為を「偽善者ぶっている」とか「なにか思惑《おもわく》があったのだろう」とかいう人が必ず現われる。慈善事業に精を出すと偽善者ぶっているとか野心家とか疑われ、老後のためにと貯蓄するとケチな奴だと侮《あなど》られ、女性に優しくするとなにか下心があるのだろうと思われる。

このように、何事かをなせば、必ず非難する人がいるのが、これまた世の中というものなのだ。

だが、反対者や快く思わない人がいるからといって、助けるべき人を助けなかったり、いいことを実践しなかったりしてもいいのだろうか。やはりいいことは、たとえ反対者がいてもするべきではないか、と博士はいうのだ。

そのときの判断基準は、そこに利己的な利益や売名行為があったかなかったか、ということである。

出すぎた杭は打たれない

新渡戸博士のような有名人になればの話だろうが、世に名前が通れば通るほど世間の批判は大きくなるともいう。それは見方によれば出世するということであって、こういう人はすくなからず憎まれるものだそうだ。俗に、「出る杭は打たれる」ということだろう。

その反対に、なにもしないで、ことなかれ主義に徹し、責任のないところにいる人がいちばん疎《うと》まれない。そういう人は決まりきったこと以外にはなにもしていないので、批判に値《あたい》するものもない。批判の対象がなければ憎まれることもないのだ。

だが、こういう人で尊敬されたり、歴史に名を残したりした人は皆無といってよい。なぜなら、なにもしない人というのは、人間というより、ただ生きているという動物にすぎないからである。豚や鶏に批判や文句をいっても始まらないからだ。

博士が得意な古歌《こか》の例を引く。

咲かざれば桜を人の折らまじを　桜の仇《あだ》はさくらなりけり

この歌のとおり、桜は咲かなければ折られることはない。だから桜の敵は、咲く桜ということになる。同様に、人は大小に関係なく何事かをなせば、必ず何人かの恨みを受けるものである。だが、桜は咲くのが命であり、人間も何事かをなすのが天命である。したがって、その恨みや批判は他人の成功に対する嫉妬心や曲がった心から出るものであって、別に気にすることはない。普通の人にできないことをするから羨《うらや》むのである。

俗っぽくいえば、「出すぎた杭は打たれない」との逆説があるように、大きくたくさん咲けば桜の花も折られることを気にしなくてすむし、人も普通の人にはできないことを達成すれば悪口もいわれなくなる。悪口は自分の志や目的を達成する代償と思って進むほうが、本物の生き方といえるのだ。世のため人のためになることであったら、はびこるくらいの勇気を持って前へ突き進め、というのが博士の主張である。

立場が上になるとなぜ傲慢になるのか

ところで、新渡戸博士がみずからの恥部として、少年時代の苦い思い出を語っている。こんな話だ。

博士がまだ学生だったころ、下宿代が払えなくなった友人の窮状《きゅうじょう》を哀れに思って、自分の下宿に同居させた。ある夜の議論でアメリカ初代大統領ワシントンと楠正成《くすのきまさしげ》の比較論が始まり、博士が楠正成を愛国者と称したのに対して、同居人の友人は楠公《なんこう》を愛国者ではなく忠臣だといった。

彼は博士より二歳年長で、かつ歴史の素養もあり、議論の仕方もまっとうだった。そのため博士の論法のほうがすこし旗色が悪かったのか、博士はいきなり彼の頭にげんこつを食らわせ、馬乗りになって叫んだ。

「俺の下宿に居《い》候《そうろう》しながら、なぜ、俺の意見に逆らうのか」

彼は博士より大きな男で、喧嘩になれば彼のほうが勝ったであろう。だが彼はなにも手向かうことなく、殴られたままその夜を過ごし、翌日、ていねいな礼を述べて博士の下宿を去っていったという。

もちろん博士はこの文章で、自分の行為に非があったことを認め、逆に友人の態度の立派さに恥じ入っているのである。

そしてこの話から、立場が優位な人間は時として立場の弱い者から責められると、感情的に怒ってしまうのはなぜであるかと、その深層心理を問うのである。別の例でいうなら、夫婦喧嘩のさい、夫が妻の論調に押されぎみになると、「生意気なことをいうな。誰が飯を食わせているのか」と逆上するといった類《たぐい》である。

人間はみな平等とはいいながらも、立場が上になると、ついこのような傲慢《ごうまん》な心が頭をもたげることがある。下の者も世話になっているから仕方がないと、その屈辱を甘んじて受けている。

これはどういうことなのか、と博士は日常生活のなかで起こる心理的差別の源泉を問題にしているのである。たとえば、社長は従業員に対して、心のどこかで「俺が雇っている」と思い、従業員は従業員で「私は雇われの身である」と卑屈な心がありはしないかと。

われわれは普通、身は従業員であっても、精神まで売ったわけではないので、社長と従業員は精神的には平等の立場であると思っている。心の自由と肉体の自由は別のものだという考え方である。むろんこれは正しい。だが、理屈ではいかに正しいと思っていても、こうした場面で反論することは難しい。

前章で福沢諭吉の独立自尊の考えを述べているので、いま一度読み直してほしいが、要するに、これこそ「個人の独立とはなにか」という問題なのである。

つまり、ほんとうに一人前の人、独立心のある人は、たとえ立場が上であろうと下であろうと、道理をわきまえ、礼儀というものを維持しているので、傲慢になったり卑屈になったりすることはない。「愛敬《あいぎょう》」の文字が示すように、一人前の人間は「年上には尊敬の念を、年下の者には慈しみを」と教えられているからである。

本来、立場と精神の自由は別のものであり、いかなるときでも精神が圧力に屈するということはあってはならない。だが、これは理屈であって、現実ともなれば、立場が人を変えるということは大いにありうるのである。

心が「奴隷」になっていないか

明治の初期、武家の令嬢が貧乏になって外国人の妾《めかけ》になって売られていくとき、その娘は次の歌を残して去ったという。

仮令《たとえ》身はふるあめりかに触るるとも　心ひとつは汚さざらまし

新渡戸博士はこの歌を子ども心に聞いて感心したそうだが、大人になって思うと、こうしたことは成り立つであろうか、と疑問に思うのである。

たしかに、その令嬢は身を売るとき、身体は汚れても心まで汚れるわけではないと、献身的な心で売られていったのであろう。だが、一度、身の独立と自由を失った以上は、心まで堕落《だらく》してしまうのが普通ではないのだろうか、というのだ。

その証拠として、博士はハンブルクの「娼婦の館」の例を述べる。

博士の友人がこの娼婦の館にいったとき、仲介者が「つい三、四カ月前に入った娘を紹介しましょう」と、居並ぶ娼婦のなかから一人を選んだ。

だが、友人によると、どの女がベテランで、どの娘が新参者《しんざんもの》か、まったく見当がつかなかったそうだ。泥水に浸かればいかに心をきれいに保とうと思っても、汚れてしまうのが現実ではないのか、と博士はいうのである。

娼婦の例は極端にしても、新渡戸博士はここからさらに論を進めて、わたしたちの周囲にも、一見独立しているかのように見えながら、実際のところ、その心は娼婦以下の屈辱を甘んじて受けている者がいるのではないか、と問うのである。身なりは紳士淑女でありながら、心は奴隷という姿である。

今日的な話題でいえば、心が奴隷というのは、会社の命令だからと偽のラベルに張り替えたり、不正を承知のうえで経理をごまかしたり、裏金をつくったり、構造的な耐震偽装問題を起こしたりしている輩《やから》である。彼らは身なりはパリッとしたスーツ姿で、独立しているといいながらも、心は薄汚れた会社や組織の奴隷であり、お金の奴隷になってしまっている。

これはどういうわけかと、博士は苦悩するのだ。

「ノー」といえる自由を持つ

では翻《ひるがえ》って、と新渡戸博士が問う。

「立場が弱者でも精神の独立は保たれるのか」と。

もちろん保たれるが、それには自分の心を強くしておかなければならない。従業員の例でいえば、雇われの身ではあるが、契約関係で結ばれているのだから、給料は労働に対する対価であって、正当なる報酬である。社長自身も従業員が働いてくれるから会社を経営できるのであって、いうなれば両者は需要と供給の関係にある。

そこには不正を強要する権利も、いわれるままに盲従《もうじゅう》する義務もいっさいない。今日の契約関係はお互いの自由意志によって結ばれるものだから、自分の意に反することがあれば「ノー」といえる自由、契約を解く自由もあるのである。

だが、「ノー」といえない、あるいは会社を辞めることができないというのは、身も心も会社の奴隷となっているからである。たとえ、辞めることによって生活の糧《かて》を失うことがあったとしても、先の博士の学友の例で見たように、独立心のある者は毅然《きぜん》と去っていくべきであろう、と博士は正論をいうが、これは普通の人にはなかなか無理な話だろう。

なぜ辞められないのか。辞めたら食べていけないと思っているからである。だが、食うためだけに生きているというのなら畜生《ちくしょう》と同じである。心正しき者なら、不正を強要されるような屈辱に耐えうるだろうか。

だから新渡戸博士はいうのだ。一人前の人間になれ、心を鍛えて強い人になれと。

辞める自由を持っている人は、当然、その会社を辞めてもほかで食べていけるという心づもりがある人である。むろん仕事のできる実力者なら、会社のほうが辞めさせはしないだろう。

となれば、雇われの身としては、まずは仕事が一人前以上にできる人になることである。会社にぶら下がっているようなお荷物社員は論外である。だから、自由を確立するには、人並み以上の仕事ができることが必要最低条件となるのである。

博士は、強い心の持ち主として、キリスト教の聖者パウロが、牢獄に投じられて拷問を受けようとも、その宗教を捨てなかったこと、あるいは長篠《ながしの》の戦いで鳥居強右衛門《とりいすねえもん》が、敵陣の武田方にとらわれの身となりながらも、援軍のくることを大声で味方に告げて、そのために首をはねられたこと、などの例をあげて、真の心の独立を有する者は、百万の敵でも怖れることはないと述べている。

しかし、彼らは先に述べた山岡鉄舟などと同じように、心の強靭《きょうじん》な特殊な者であって、われわれの見本とはならない。

せめてわれわれ一般人にできるのは、意に反することがあったとき、「ノー」といえる自由と会社を辞める自由を持つことくらいなものである。「俺はどんな仕事をしてでも食ってみせる」というくらいの決然たる勇気を持つべきである。

これとて普通の人にはなかなか難しいだろうが、その気になれば食うことくらいは誰だってできるのである。ただ、その勇気がないだけだ。

だから、「ノー」といえる自由を持つには、ほかの会社でも通用するくらい仕事のできる人物になるより道はないのである。前述した福沢諭吉が『学問のすゝめ』において語ったように、あるいは新渡戸博士も述べているように、奴隷的存在になりたくなければ、人間を鍛え、学問を磨き、一人前の人間として認められる存在にならなければならないのだ。これが人生を生きるうえでの最善策なのである。

アインシュタイン流「仕事の方程式」

では、「どうすれば仕事ができるようになるのか」と、仕事上の悩みのある人は質問したいだろう。この答えは「努力以外にない」ということになるのだが、これだけでは身も蓋《ふた》もないことになる。

そこで、新渡戸博士が語っていることではないが、私が思うところの仕事ができるようになる原理原則を述べておこう。

あのアインシュタインは若いころ、スイスの特許局に勤めながら、そのかたわらで物理学の研究を続けていた。特許技師としても優秀で、三級技師専門職から二級へと昇進していった。そのころの彼は、一日を三等分して、勤務に八時間、研究に八時間、睡眠に八時間と割《さ》いて、規則正しく日々を送っていた。

あるとき後輩が、出世していくアインシュタインを見て、「あなたの成功の秘訣はなにか」とたずねた。すると彼は、次の「方程式」を書いたのだという。

A（成功）＝X（仕事）＋Y（遊び）＋Z（沈黙）

仕事と遊びはわかるが、沈黙とはどういうことか。

じつはアインシュタインはモーツァルトの大ファンで、その音楽を聴きながら、みずからを沈黙のなかに置き、頭のなかで創造的に実験をする「思考実験」をしていたのである。ここから相対性理論も生まれたのである。

早合点《はやがてん》されると困るが、この方程式はアインシュタインが独自につくったもので、われわれ凡人にもあてはまるというわけではない。そこで私もアインシュタインの足下にもおよばないが、私なりの「仕事の方程式」を考えてみた。すでにこの話は『「仕事」論』（PHP研究所）で披露したものだが、それは次のようなものだ。

仕事の成功＝志×意欲×才能×人徳

要するに、なにを目的とするかの「志」をまず掲げ、第一はそれを達成しようとする意欲（情熱）、第二は才能とそれを持続させる努力、そして一人ではなにもできないので、周囲の協力が得られるような人間的魅力が必要になるということである。かけ算にしてあるのは、どれかひとつでもゼロであるとダメになってしまうからだ。

まず、どんな仕事でも上達するには意欲がいる。熱意といってもよい。才能は専門的な知識の修得も必要だが、もっとも必要なのはその努力を継続させる力である。人徳とは、下の者からも上の者からも慕われる魅力のことだ。

このどれもが仕事ができるようになるためには必要だと、私は私の体験から考えているのだが、どうだろう。くわしいことは拙著『「仕事」論』に書いてあるので、興味のある方は参考にしてほしい。

人生の成敗とはなにか

さて、簡単に成功という言葉を使ってはみたが、失敗とか成功というのも、よくよく考えてみると、「禍福《かふく》はあざなえる縄のごとし」（幸福と不幸はより合わさった縄のようなものである）といわれるように、なにが成功でなにが失敗なのかを決めるのはほとほと難しい。

たとえば、新渡戸博士がよく例にあげる、アメリカの南北戦争における南軍の総司令官リー将軍の場合である。この人は名将といわれながらも、三十万の兵をもって、百万の兵隊を率いたグラント将軍と戦って敗れた。いわば敗軍の将である。その彼が、のちに名もなき中学校の校長先生をやっているとき、不勉強な生徒を叱責《しっせき》した。

「君はもっと勉強しないと、人生をやりそこなう恐れがあるぞ」

するとその生徒は、

「将軍、あなたもやりそこなった人ではありませんか」

と答えた。これを聞いた将軍は、

「そのとおりだ。だから、わが輩のような経験を君にはさせたくないんだ」

と述べたという。

この問答のみでは不作法な生徒のように思われるだろうが、じつはこの生徒はリー将軍に対して敬意を持っていたがゆえに、現在の将軍の境遇に同情して、そんな反発をしたのだった。おそらくこの生徒の言葉の裏には、あなたのような立派な名将でも敗れることがあるように、失敗とか成功は表裏一体のもので、いかに英雄や聖人であってもいつも勝つとはかぎらない、との意味を含んでのことだったのである。

たしかに、戦《いくさ》のときの勝敗はさまざまな条件がからみあって決定する。時の運、地の利、人の和といったものが加味される。

だが、リー将軍の場合は、最初から不利な条件を承知で戦ったのだった。事実、リー将軍が南軍側の連邦大統領に送った手紙には、こんな文面がある。

「いままで負け知らずでやってきたが、次の戦いはどうなるか、兵隊の数においては北軍の足下にもおよばず、食料さえも二日分しか残っていない。冬が近づくのに、靴のない兵隊が数千人もいる。毛布なき者は数万人である。しかし戦いの成敗《せいはい》は天にある。天《てん》賦《ぷ》の慈愛に頼って、乾坤一擲《けんこんいってき》、われわれは忠実なる任務を果たすしかない」

リー将軍は、負けるとわかっていた戦いにあえて臨んで負けたのである。なぜ、負けると思いながらも戦ったのか。それが軍人としての任務だったからである。

日本の武士道にも、「負けるとわかっていても戦に臨むのがサムライの義務である」という教えがある。軍人はいったん命令を受ければ、勝とうが負けようが、その成敗は自分の関知するところではないとの考え方である。

今日の功利的精神で育った現代人からすれば、なんと不合理な考え方かと思うだろうが、それが正義を遂行するサムライ（軍人）の掟《おきて》なのである。

笑いながら処刑された吉田松陰の真意

わが日本でも、正義の遂行に失敗して罪人になったり、自刃《じじん》していったサムライは多い。吉田松陰などもその一人である。その思いは、松陰の次の歌を見ればわかる。

かくすればかくなるものと知りながら　止《や》むに止《や》まれぬ大和魂

この歌は、安政元年（一八五四年）、吉田松陰が再来航したペリー艦隊に乗り込もうとして捕らえられ、江戸送りになる途中の高輪泉岳寺《たかなわせんがくじ》前を通り過ぎるときに詠《よ》んだものである。

松陰はペリー艦隊を見たとき、アメリカの並外れた軍事力に驚嘆した。「彼を知り己《おのれ》を知れば百戦殆《あや》うからず」というのが孫子の兵法なので、軍学者としての松陰は密航してまでも敵状を視察したかったのである。その心情は、いわば日本を守るためだった。運悪く捕まったが、こういうことをすれば、こうなるのは百も承知だった。だから、松陰は決して悪いことをしたとは思っていない。その行為は「止むに止まれぬ大和魂」から出たものだったからである。そして、泉岳寺に眠るあの赤穂浪士《あこうろうし》も同じ思いであったろうと歌うのである。

その結末は、両者とも処刑されて終わる。だが、松陰も赤穂浪士も自分たちの行為を恥とは思っていないだろう。むしろそれは、サムライとして正義の道だったのである。となれば、己の信じるところを果たして、それが失敗したとしても、その人にとってはそれが正義であり、成功だったといえるのではないか。別言するなら、成功とか失敗は誰が決めるのかということである。

一般に世間の人は、成功ほど望ましいものはない、失敗ほど恐ろしいものはない、と考えている。そのためか、成功するためにはどのような手段も使い、失敗しないためにはいかなる方法も駆使しようとする。

だが、それらの人に「その成功とはなにか」と問うと、多くは金持ちになりたい、出世したいと答える。要するに名利《みようり》である。

日常の会話でも、「アイツは成功者だね。お金持ちだし、有名になったし」といったような言葉が使われる。もっと俗にいえば、「うまくやった奴が成功者」というふうに聞こえる。

むろん名利を追求することは悪いことではない。だが、それは不正やインチキをやらずに正当なる手段で成功した場合である。法律の裏をかいてお金持ちになったとしたら、それは詐欺師であって、成功者とは呼べないのである。はたしてこのような〝成功者〟になったからといって、尊敬に値するであろうか。また、真実の幸福は得られるのであろうか。

ほんとうの成功者とは、自分の志す本心に背《そむ》かず、己の義務をまっとうするという一点にあって、名利がこようとこまいと、それは結果論であって頓着すべきではないのだ。逆に失敗者というのは、自分の本心に背き、己の任務を怠ることである。

だから、失敗だとか成功だとかいうのは、他者が決めるものではなく、自分の良心が決めることなのである。リー将軍が田舎教師として恥じることなく生きられたのも、吉田松陰が笑いながら処刑されたというのも、彼らは失敗とか成功とか、そのようなものはもともと脳裏になかったからであろう。

道歌にいう。

負けて退《ひ》く人を弱しと思うなよ　智恵の力の強き故《ゆえ》なり

ほんとうの成功者というのは、じつは負けたと思われた人であり、その人こそ人生の勝利者だったということは大いにありうるのである、と新渡戸博士はいうのだ。

世間を渡るにあたり、まったく世論を無視するわけにはいかないけれど、世間の考えのみを標準にして成敗を測ることは、はなはだ禍根《かこん》を残すものとなる。勝つも負けるも、成功するも失敗するも、その基準は己の心が測るものである。よって自分の心を省みて、恥ずべきところがなければ、失敗してもそれは失敗ではないのである。

勝っても笑わず、負けても泣かず

前にも引用したように、〝徳川三百年〟の基礎を築いた徳川家康の言葉に、「勝つことばかり知りて負くることを知らざれば、害その身に至る」とある。

戦いに臨むにあたって勝利を期することは当然であるが、いつもいつも連戦連勝だと、つい油断して滅ぶことがあるという意味である。いかなる国の歴史でも、いかなる勇将の伝記でも、永続的に勝ちつづけたためしはない。同じように人生でも、つねに順風満帆《まんぱん》ということもありえないのである。

株式の言葉にも、「もうはまだなり、まだはもうなり」というのがあるように、頃合いの見定めが肝心ということである。繁盛しているときは、万一の場合に備えるとか、心を引き締めてぜいたくを慎むとか、勝てば勝つほど用心というものが必要になる。「油断大敵」とは勝っている者の戒《いまし》めの言葉としたい。

たしかに競争する場合には勝ち負けははっきりとわかるが、では人生や社会で勝つとはどういうことか。

たとえば、野蛮な未開の地においては、腕力ある者が最大の強者で、人からも尊敬され自分も満足したであろう。だが、社会が一定の秩序を保ち、法が基準となる社会では、法を破らぬ範囲内において自己の利益をもっともよく実現した者が勝利者となる。もっと社会が進歩し、礼をもって治められる時代がきたら、礼のもっとも厚い者が勝利者となる。あるいはまた、昨日の富者が明日の貧者という場合もある。となると、人の一生などは死んでから初めて定まるもの、ということになる。

こう考えてくると、勝ったとか負けたとかで一喜一憂するのは愚かなことではないのか。とくに勝負の基準が一時的、人為的なものであればなおさらのことだ。それは野球選手のアベレージや株式情報を毎日見て、一喜一憂しているのと同じである。

ところが世の中の多くの人は、ともするとただ勝てばいいと、どこがゴールだかも考えずに、その場その場で勝つことを望んでいる。しかも、勝った負けたというのは比較の問題である。自分は一億の財産を残したから勝った、と威張っている人がいたとしても、五億の財産を残した人がいれば、それは負けたことになる。ましてや、ウソやインチキで勝ったところで、そんな勝ち方が楽しいはずがない。

では、どのような勝ち方がいいのか。新渡戸博士の言葉を聞いてみよう。

「たとえカネを儲けるにも、卑怯《ひきょう》な方法で儲ければ、これは敗北である。また高き地位を得るにしても、他人を踏み台にしたり、友人を裏切ってまで地位を占めたとしたら、これまたほんとうの勝利ではない。名誉をあげるにしても、卑劣な卑《いや》しき方法で得たならば、その名がいかに広まろうと、これは勝利ではなく敗北である。また、同僚友人が不正不義をして巨万の富を得たり、出世したとしても、それは羨むに値しない。つねに正々堂々、自分にやましき心なくして勝ってこそ、初めてほんとうの勝利者といえる」

要するに、真の勝利とは、名誉、損得、地位などの獲得にあるのではなく、自分に克ち、私心なきことが必勝の条件なのである。

この点がわかると、世間であれこれいう勝敗など、子どもの戯れ言《ざれごと》であって、勝っても笑わず、負けても泣かず、驕《おご》り高ぶることも嘆くこともなく、つねに心が明鏡止水《めいきょうしすい》（静かに澄んだ心境）のごとくであるなら、その人は定めし幸福な人といえるだろう。

かのキリストは磔《はりつけ》の刑にあいながら、「われ世に勝てり」と叫んだというが、ほんとうの勝敗というのは結局は自分だけでわかればいいのである。

第五章

「世間を広く渡る心がけ」

自分にはきびしく、人には優しく

世間を広く渡るとは、多くの人に愛されて生きるということだと、新渡戸博士はいう。当然のことだが、人間は一人では生きられないので、先輩、友人、仕事仲間を含めて、人脈は多ければ多いほど人生は楽しいし、幅の広い有意義な生き方ができることはいうまでもない。苦しいときや悲しいときは慰められ、励まされ、楽しいときやうれしいときは、その喜びは二倍になる。

「多逢聖因《たおうしょういん》」という言葉がある。仏教用語のひとつだが、その意味は、よい縁に交わっていると、知らず知らずのうちによい結果に恵まれるということだ。だからその仲間も友人もよい縁でなければならない。悪い仲間は人生をまちがったほうへと向かわせてしまう。

だが「類は友を呼ぶ」という諺《ことわざ》もあるように、その出会いをよい縁とするか悪い縁とするかは、本人の人格にかかっている。自分がくだらない人間ならば当然、くだらない人間が集まってくるし、立派な人間なら立派な人間が集まってくる。

では、どういう人が「よい縁」を結ぶのであろうか。

一言でいえば、「愛される人」だ。その中味は明るくて心優しい性格の人である。反対に人に嫌われるような性格とは、陰険で根暗で意地悪な人である。こういう人は人脈どころか、周りとの人間関係もうまくいかないだろう。

新渡戸博士も世間を渡るとき、もっとも大切なこととして「上手な人間関係」をあげているが、その心得として私が肝に銘じている言葉に、

「春風を以て人に接し、秋霜《しゅうそう》を以てみずからを粛《つつし》む」(『言志後録』三十三条)

という箴言《しんげん》がある。略して「春風秋霜」という。意訳するなら、春に吹く風のような暖かさをもって人に接し、秋に降る霜のようなきびしさをもってみずからを慎むとなるが、要するに自分にはきびしく人には優しく、ということである。

もっとイメージを膨らませるなら、「イソップ物語」に出てくる「北風と太陽」の話を思い出してもらえばよい。こんな話だ。

あるとき、北風と太陽が通りかかる旅人を見て、どちらが先に旅人の着ているコートを脱がせることができるかと勝負をした。北風はあらんかぎりの力を込めて強風を吹きかけ、コートを脱がせようとしたが、旅人はかえって襟《えり》を押さえ、脱がせることができなかった。それに対して太陽は暖かな日差しをどんどん与えたので、旅人は暑さのあまりにコートを脱いでしまったという話である。

これは人に接するとき、きびしくしすぎると、かえって反発を招いて胸襟《きようきん》を開かせることはできないが、太陽のように暖かく優しく接すれば、人の心も打ち解け、心を開いてくれるというたとえ話である。

人と接するときは、まず自分のほうから心をオープンにして、相手の心をなごませ、なんでも話し合える関係になるということである。そのとき大切なことは、決して高飛車に出ないで、つねに相手と同じ立場に立つこと、そしてその秘訣は「明るく、優しく、正直である」ということだ。周りを見てもわかるように、こういう人は必ず多くの仲間や友人に恵まれているはずだ。

逆に、心をふさぎ、人を疑ってかかるような人、意地悪な人、ウソをつく人は、当然のことながら友だちなどできはしないだろう。「根暗」「意地悪」「嘘つき」は嫌われる人の三要素といってよい。

人を好き嫌いで判断するな

ところが、人との交際において、自分の感情のおもむくまま、相手を好き嫌いで判断してしまう人がいる、と新渡戸博士はいう。これは子どもと同じで、その人のよさを理解する前に、第一印象のみで決めてしまうことになり、自分のほうから人脈を狭くしているようなものだ、と。

たしかに、友人関係ならまだ好き嫌いの感情で友だちを選ぶことはあってもいいが、先輩や上司などにおいては、第二章の「外柔内剛」で述べたように、恐い顔をした人がほんとうは優しかったり、優しい顔をした人がじつは性格が悪かったり、ということはよくあることだ。詐欺師の例を見ればわかる。

好き嫌いというのは感情の作用であり、理性で判断しているわけではない。人物の評価をする場合は、その人の性格、つまり中味の人間性で決めるべきである。

はなはだしいのは日常会話のなかでも、あの政治家は顔が悪いから嫌いだという人がいるが、政治家の良し悪しは外見や容姿ではなく、いかなる政策や思想を持って行動しているかである。したがって、好きとか嫌いとかの感情で物事を判断するのは一人前の大人ではない、ということになる。

音楽を聴いたり絵画を見たりといった芸術的な場合は、好き嫌いの判断でもよいが、事の善悪は好き嫌いでは決められない。とくに人の良し悪しはその人の行動で判断すべきであって、好き嫌いの愛憎で決めてしまうと、大きなまちがいを犯すことになる。

それはちょうど物の軽重を計るのに、メジャー（物差し）で計るようなものである。計る道具と測る品物が違う場合は、まったく見当違いな結果が出てしまうのと同じである。だから、人に愛されたいと思うのならば、好き嫌いとか愛憎とかで単純に人を批評することは慎まなければならない。

新渡戸博士が経験談を語る。

「自分もいまにして思えば、済まぬことをしたことがしばしばある。初めて会った人がなんだか悪賢《わるがしこ》そうなタイプの人で、一度そう思うと、その人のやることすべてが、実際はそうでなくとも、不正をなしているようで、ますます嫌いになった。また、誰かほかの人が自分の悪口をいっていると聞くと、その瞬間からその人をよく思わなくなった。これが人情だと思えばそれっきりだが、これはけしからぬ人情である。もっと超然たる人情に達しなければならない」

好き嫌いは子どもの判断。人脈を広げたいと思うのであれば、その人の中味で判断しなければ、相手も子どものような幼稚な人が集まってくることになる。

たとえば諺に、

「剛《ごう》毅《き》木訥《ぼくとつ》仁に近し」（『論語』）（飾り気がなくて口数の少ない人は、王者の徳である仁に近い）

「巧言《こうげん》令色《れいしょく》鮮《すくな》し仁」（『論語』）（言葉たくみに顔色をやわらげて人を喜ばすような者には、仁の心が欠けている人が多い）

とあるように、表の顔だけではわからないのである。

だから、人物の良し悪しを決めるには総合的な判断というものが必要となる。つまり、本物の姿はどうなのかという第三者から見た客観的評価を一応考慮して、その人物の良し悪しを決めるのがよい。これが博士のいう超然たる人情ということである。

批判されたからといって悪い人とはかぎらない

さて、人との交際が始まって、私たちがもっともいやな気分にさせられるのは、友人だと思っている人から自分の悪口が聞こえてくる場合だろう。新渡戸博士は、その対処法として自分の経験を踏まえてこんな例をあげている。

博士の友人にA君という人がいた。このA君のもとに同じく友人のB君がきて、「A君、きみはC君と仲がいいか」と聞く。A君は、「別に仲が悪いことはない。永い間の友人だから」というと、B君はやや怪訝《けげん》な顔をして、「おかしいな。C君はあっちこっちで君の悪口をいいふらしているよ」と告げた。

A君は意外に思ったが、すこし気になった。もしかしたらC君は裏表のある人間で、自分と会っているときはいい顔をし、陰にまわると悪口をいっているのかと思った。その話を聞いて以来、A君とC君はなんとなくしっくりいかなくなった。

だが、別の機会に、ほかの友人から、C君がある恵まれない人の世話を親身になって行ない、たいへん立派な人だという話が入ってきた。となるとC君はやっぱりいい奴なのか、それとも悪い奴なのか、とA君はまた迷った。

そこで考えてみた。C君が自分を批判しているとしても、C君は一概に悪人とはいえないのではないか。なぜなら、自分とC君とは性格が違うところがあるが、自分を批判したとしても悪人とはいえない。自分では気づかないところをC君は批判したのだろう。

そう思い直すと、それ以後、A君のC君を見る目が違ってきて、C君のやっていることがほかの人のできないような立派なことだったので、素直に尊敬できるようになったそうだ。

博士は、この話から、人と交際するときはA君のような広い心で接するべきだという。つまり、悪口や批判は友人の間では根も葉もないことでも噂として聞こえてくる。それをいちいち気にして、それだけで他人を判断して友人を嫌いになってしまうようでは、友人など存在しなくなってしまう。

もちろん、自分をおとしめるような誹謗中傷《ひぼうちゅうしょう》の類《たぐい》なら、直接、相手に問いつめてもよいが、その友人が善い人か悪い人かを決めるのは、その友人の行動である。行動が立派ならば、その友人は立派なのである。そう考えれば別の見方が出てきて、多少の悪口など余裕を持って聞き流すことができる、と博士はいうのだ。

たしかに、「坊主憎けりゃ袈裟《けさ》まで憎い」といっていたら、晴天にわざわざ暗雲を垂れ込めさせて、みずから不愉快な一生を送るようになる。人間にはいろいろな性格があるのだから、直接的な危害を被《こうむ》らないかぎり、なるべく敵をつくらず、心を広く持てば人生もまた広くなるのである。

反対意見にも耳を傾ける度量を養え

心を広く持つということは、人物の大きさを表わすということであるが、他人の意見などでも好き嫌いで決めている人がいる。容姿とか外見上のことなら、感情的な主観で判断してもまだ大事になることはないが、たとえばこれが学術的なことや仕事上のことなどで意見が違う場合は、好き嫌いの問題ではすまされない。

自分が気に入っている相手の意見だからといって、その欠点には目をつむり、気に入らない相手だからとなんでも反対というのは、大きな害をおよぼすもととなる。理性的な問題は、やはり理性で判断しなければならない。

だから、一人前の大人としては、相手の説がたとえ自分と違っていたとしても、なぜ違うのかの意見をよく聞き、良し悪しの判断を下す前に、一応の下調べも必要となる。ともかく頭から嫌うのではなく、耳を傾けるだけの度量がほしいものである。そのとき大切なことは、「公平公明」な態度である。

それを議論を始める前から、異なった説を主張した人をただちに偏屈《へんくつ》だとか、変人だからなどといって、相手の動機やら人格まであれこれいうのは、自分の度量の狭さと、進歩する余地さえ捨てることを自白しているようなものである。

また、ハリネズミのように身のまわりに針を尖《とが》らせて、最初から自分以外の意見を聞かないというのも、世間を狭くすることになる。とくに学術的論議や政治問題はなるべく説が違うほうが進歩向上につながる。なぜなら、今日の学問の進歩は種々の異なった説がぶつかり合ったのち、互いに討議し、批評して得た結果にほかならないからだ。

その昔、異説を論じれば、宗教の教えに背《そむ》くとか、あるいは国家に対する危険思想であるとかいって抑圧したことがあったが、こうした時代は学問も政治も暗黒の時代であり、進歩も発展も望めない時代だった。だから、相手の言い分が自分と違う場合でも、相手の意見を冷静に聞いて、さらには客観的に考える心を養うべきである。

人の世を渡るとき、自分の意見だけを通す人は独善的な人であり、独りよがりのわからずやとして嫌われるもとになるから注意しなければならない。これでは人間関係を上手に運ばせるどころか、みずから世間を狭くしていく生き方となる。

独善的というのは、別の表現をするならエゴイスト（利己主義者）ということで、自分の利益ばかり考えている人である。だから、人に愛されたいと思うのであれば、その反対の人になればいい。

その究極は、「無私なる人」である。無私とは私心を捨てるという意味で、自分の利害損得を捨て、公平公明な態度の人のことをいう。さらにいうなら、人の喜びを自分の喜びとし、人の悲しみを自分の悲しみとして考えられる人のことだ。この境地まで到達するにはさらに多くの修養が必要だが、誰からも愛される人になりたいと思うのであれば、これとて日々日常のなかで一歩ずつ鍛えていくしかない。

「知足」の心を知る

では、どうすれば「無私なる人」に近づくことができるのか。

「無私なる人」というと、誰もが世にいわれる賢人・聖人といったイメージを持つが、そうとはかぎらない。どこにでもいる普通の人でも、それに適《かな》う人はいるのである。具体的なイメージを持ってもらうために、私の知っている実例をあげる。

私の仕事場の近所に小さなラーメン屋を営む六十歳くらいのおばさんがいる。もう三十年くらいその商売を続けているそうだが、あるとき客の一人が、

「このあたりのラーメン屋はみんな五百円以上するのに、どうしておばさんのところはずっと三百円でがんばっているの。味は上等なんだから五百円でも客はくるよ」

といった。私もそう思っている一人であったので聞き耳を立てていると、おばさんはニコニコしながらこう答えた。

「私のところにきてくれるお客さんは、専門学校の学生さんとか夜の商売の人が多いでしょ。もう、充分儲けさせてもらって小さなマンションも買えたし、ほしい物はなにもないし。がんばっている人たちから、これ以上のお金をもらおうなんて悪いわよ。これで充分」

世の中には充分儲かりながらも、「もっともっと」となにかと理由をつけて値上げする経営者が多いなかで、このおばさんは口でいうほどお金持ちとは思えないのだが、自

分のことよりいつもお客のことを考え、「もう充分」というのだった。

源信《げんしん》という人の『往生要集《おうじょうようしゅう》』のなかに、「足ることを知らば、貧といへども富と名づくべし。財ありといへども欲多ければ、貧と名づくべし」という言葉がある。「もう充分」と思う心を、仏教語では「知足《ちそく》」（足ることを知る）というが、この境地に達することは幸せを得る秘訣のひとつとされている。

となると、おばさんはすでに「無私なる人」であり、なにより幸福な人になっていたのだ。だからこそ、お客さんに愛されて店は繁盛しているのだろう。

「無私」というと、私欲を捨てるという意味から、それじゃ儲からないと思う人がいるが、じつは現実社会は逆で、欲ばっていないから人は集まってくるのである。

宮沢賢治の生き方に近づく

この「無私なる人」で私が思い出すのは、宮沢賢治の生き方である。まずは次の詩を声を出して読んでいただきたい。読みやすいように現代文で記しておく。

雨にも負けず
風にも負けず
雪にも夏の暑さにも負けぬ
丈夫な体を持ち
欲はなく
決して怒らず
いつも静かに笑っている
一日に玄米四合と
味噌と少しの野菜を食べ
あらゆることを
自分を勘定に入れずに
良く見聞きしわかり
そして忘れず
野原の松の林の陰の
小さな茅葺《かやぶ》き小屋にいて

東に病気の子どもあれば
行って看病してやり
西に疲れた母あれば
行ってその稲の束を負い
南に死にそうな人あれば
行って恐がらなくてもいいといい
北に喧嘩や訴訟があれば
つまらないからやめろといい
日照りのときは涙を流し
寒さの夏はおろおろ歩き
みんなにでくの坊と呼ばれ
ほめられもせず
苦にもされず
そういう者に
私はなりたい

ご存じ、『雨ニモマケズ』の詩である。平明な表現のなかに、宮沢賢治の無私なる真《しん》摯《し》な人柄が溢れ、私はこの詩を読むたびになぜか涙が出てくる。

賢治は、幼少のころから心の優しい、頭のいい子だったというが、こんなエピソードが残っている。

あるとき父親が賢治少年に、「お前は大きくなったらなにになるんだ」と聞いた。時代は、学問さえあれば〝末は博士か大臣か〟と立身出世の気運がみなぎっていた明治である。父親もそれを期待していた。

だが賢治は、「そうだな、むやみに偉い人にはなりたくないなあ」といったばかりか、「寒いときには鍛冶屋をやればいいし、暑いときには馬車屋になればいいなあ」と付け加えたという。

この問答は小学校六年生のころとされているので、賢治少年が職業に貴賤《きせん》のないことを自覚していたのかどうかわからない。だが彼には「エライ人」というのは威張っているだけに見えて、子ども心にいやだったのである。立身出世するよりも目に見えるかたちでみんなの役に立つ人間になりたい、これが賢治の生涯を通しての考え方であった。

宮沢賢治の思想は、自然科学と信仰する「法華経《ほけ》」を軸としたものであった。すべての生命を宇宙的な視野で見ると同時に、野辺に咲く一輪の花も、山に植わっている一本の木も、固有名詞で表わすような優しい心を持っていた。

そして、生きとし生けるものすべてに愛の心を注ぎ、〝無私なる人〟として「あらゆることを自分を勘定に入れずに」「ほめられもせず苦にもされず」に生きたのである。

とくに宮沢賢治がすばらしいのは、地位も名誉も富貴も求めず、一生をどこにでもいる〝普通のおじさん〟として送ったことである。

西洋の諺に、「詩的に生きることは詩をつくるより難しい」との言葉があるが、これはなかなかできることではない。人は才能があれば当然のごとく地位や名誉をほしがるものだが、賢治にはいっさいこれがないのである。私たちもせめて心を広く持って、主観的な独善で物を見るのではなく、つねに相手の気持ちになって考えるような人間性に一歩でも近づきたいものである。

怨望ほど有害なものはない

世間を広く渡る心がけを考える場合、逆にその反対の狭く生きている人とはどのような人かを考えるのも、ひとつの手である。

これは私の持論だが、私は友だちを選ぶ場合、「その人が卑《いや》しいか、卑しくないか」の基準でまず判断する。だから品性下劣な人は容赦なく切り捨てる。具体的には、意地汚い、小狡《こずる》い、さもしいといった人で、もらえるものならなんでももらい、働きもしないでわれ先に分け前をぶんどる人である。

なぜなら、人間と動物との違いは、尊敬する気持ちと恥を知る心を持っているかどうかであり、廉恥心《れんちしん》を失うことは人間としての特性を失った人であるからだ。また先に述べたネクラで意地悪で嘘つきな人も友だちにはしたくない。おしなべていえば「徳のない人」である。

その悪徳のなかでも、私がもっとも忌《い》み嫌っている性格は怨望《えんぼう》の強い人である。怨望とは、人を怨《うら》む心のことだ。

慳貪《けんどん》（ドケチ）、虚飾（見栄っ張り）、誹謗（悪口をいうこと）なども人との交際において悪徳とされているが、これらは内容をよく吟味《ぎんみ》してみると、その動機となるもとの心は悪くない。つまり、これらの欲求を起こす場所、欲求の強弱の度合い、なにに対しての欲求かによって、必ずしも悪徳とはかぎらない場合もあるからである。

たとえば、お金を好んで飽くことを知らないことを慳貪というが、人がお金を好むのは自然の欲求ともいうべきもので、それを満足させる心は、決して咎《とが》められるものではない。ただ、お金を欲求する対象をまちがえたり、際限なく求めたり、不正をして儲けたりと、道理をはずれた金銭追求をすると慳貪という悪徳になる。

金銭を好む欲求が悪徳になるかどうかの境目は、その求め方が正しい目的や行為によるものかどうか、それが基準であって、これを守れば節約とか経済的とかいわれて、人間が努めるべき美徳となる。

虚飾についても同じことがいえる。見栄を張ることはある種の向上心の表われであり、その人の身の程を超えている場合には悪徳となり、それなりの体裁を繕《つくろ》っている場合は美徳となる。江戸時代のサムライを揶揄《やゆ》した言葉に「武士は食わねど高楊枝《たかようじ》」というのがあるが、これはサムライの気位を示すもので、決して恥ではない。腹が空いて物乞いするより、楊枝をくわえて食ったような顔をして、やせ我慢をしている心意気である。

誹謗は前に述べたとおりである。たんに誹謗したからといって悪徳者とは決められない。誹謗は一種の批判であり、批判されたほうはそれを励みとする場合もある。他人を嘘の情報で陥れる誹謗は悪徳となるが、正当なる批判は美徳となる。そのほか驕傲《きょうごう》（驕《おご》り高ぶること）と勇敢、粗野と率直、頑迷と実直など、いずれも相対的なもので、強弱の度合い、向かう方向によって、悪徳ともなれば美徳ともなる。したがって、これらはすべてもとの素質は悪ではない。

だが、どう考えても悪徳としかいいようのないもの、それが怨望である。

怨望、つまり人を怨むという行為は、それが生じるとき心は陰気になっている。似たような言葉に「妬《ねた》み、嫉《そね》み」（嫉妬）というのがある。ただ、嫉妬心は自分が劣っていることの反発として表われてくるものだから、それをバネとすれば向上心につながる。だが、怨望はいけない。悪魔の発想である。なぜなら、これは他人の幸福を見て、自分の不幸や不運を嘆き、その原因を反省することなく、他人の幸福を自分同様の不幸に陥れようという思いだからだ。

怨望が起きるのは、自分の心が悪魔となって明るく素直でないからだ。この悪徳は自分をダメにするばかりか、世間の人の幸福を壊し、ひとつもためにはならないのである。

それどころか、怨望は諸悪の根源といってよいほどで、猜疑《さいぎ》心、嫉妬心、卑怯《ひきょう》な行ないも、この怨みから生まれる。そしてそれらは密談、陰謀、謀略といった陰鬱《いんうつ》な行為として表われ、それらが外に表われると、詐欺、殺人、暴動といったところまで発展する。かつてある宗教団体が残忍きわまる〝サリン事件〟を起こしたことがあったが、これとてその根源は社会に対する教祖の個人的な怨みから生じたものである。

では、なぜ、人は他人の幸福を妬み、他人が不幸になることを願うのであろうか。その根本の原因はなにか。

ある人にいわせれば、貧困が最大の原因ではなかろうかという。たしかに社会的システムが産み出す貧困は政治の責任であり、その解決策は政治システムを変える革命しかない。だが、多くの人が革命を望んでいない現在にあっては、いまのところ貧困は個人的な問題である。もし貧困が根本原因だというのなら、世の中の貧しい人は誰でも不平を訴え、富める人は誰でも怨みの対象となる。

だが現実はそうではない。いくら貧乏していても、健全な心を持っている人は、なぜ自分が貧乏であるのかを考え、その原因が自分の身より生じたとわかれば、決してみだりに人や社会を怨むことはない。むろん普通の人なら、富める人や身分の高い人を見れば、羨望や嫉妬は生まれるであろうが、心ある人ならそれをバネとして、「俺もいつか」と奮起のきっかけとするはずだ。これがまっとうな考え方である。

このように考えていくと、怨望は貧困から生じるものではなく、自分のひねくれた卑しい心から発生していることがわかる。結局は、世間を広くするのも狭くするのも自分の心がけ、つまりは修養にかかっているということになる。

「怨み」とは自分の甘えからくる勘違い

ひねくれた卑しい心の例として、新渡戸博士が『修養』のなかでおもしろい話をしている。

あるとき博士の知り合いの学生が二人、上京して訪ねてきたことがあった。一人は北海道から、もう一人は博士の故郷の岩手県からだった。博士はせっかく東京に出てきたのだからと、その学生たちを一日がかりで東京見物に案内した。

北海道の学生はこれを感謝し、

「あんなに忙しい身分でありながら、よくも自分たちのために一日をつぶしてくれた。

車代もかかったであろう。昼食も安くなかったであろう」

と本心から満足したようだった。

ところが岩手の学生は、これに対して非常に不満足だった。自分がはるばる東京にきたのに、たった一日しか案内してくれず、のろのろした車に乗せられ、昼食もウナギ飯くらいで追い払われてしまった、と帰ってから不平をいったそうだ。

博士にすれば、この学生に特別の義理があるわけではない。だが、この学生は東京にきた以上は、数日間くらいは馬車を乗りまわして東京見物をさせてもらい、食事も精養軒か八百膳あたりでご馳走してくれるだろうと期待していたのである。

しかし、これは当人の勝手な思い込み、というより甘えであり、そうした要求ができる権利がどこにもないことを知らない子どもと判断するしかなかった、と博士は述べるのである。

これでわかるように、「怨み」の根本的な原因は、自分の心の甘えに起因している場合が多いということである。博士のいうことがもっともなのであるが、じつのところ、この学生のような勝手な思い込み、あるいは甘ったれた考えから、こうした「怨み」の心が生まれることは世間にはたくさんある。

もし北海道の学生のように、他人に迷惑をかけているとの思いがあれば、それは感謝となり、岩手の学生のように「はるばる東京にきた」という傲慢《ごうまん》さがあれば、感謝より失望となって、人の好意ですら「怨み」の対象になるということである。

だから、「怨み」はすべて自分の甘えからくる勘違いともいえる。たとえば、「自分はなぜ会社からこんなに冷たい仕打ちを受けるのか」といった不平不満でも、会社からすれば別に冷遇しているわけでもないのだが、本人がそう思っている場合が多い。あるいは、冷遇されるような値の仕事しかしていないのであろう。

要するに、自分の甘ったれた感情や努力のなさで不遇を招きながら、それを他人のせいにし、相手や会社を怨むのは、見当違いもはなはだしいというべきである。こういう人はまだ一人前の人間でもないし、独立自尊の人ともいえないであろう。

第六章
「順境と逆境の乗り越え方」

順境とはなにか、逆境とはなにか

一般に人は、自分の思いどおりになる環境を「順境」といい、自分の思いどおりにならない環境を「逆境」と呼んでいる。だが、この順境・逆境もなにを基準にしてそういっているのか、よくよく考えれば、この判断も難しい、と新渡戸博士は疑問を投げかける。

たとえば、中国の有名な故事に、「人間万事塞翁《さいおう》が馬」という言葉がある。こんな話だ。

昔、塞上《さいじょう》に住んでいた翁の馬が逃げてしまったとき、隣人が「馬が逃げて気の毒だね」といったところ、老人は「まあ、こんなこともありますよ」といって悔やまなかった。ところが数カ月後、この馬がすばらしい馬を連れてもどってきた。また隣人が「これは儲けものをしましたね」といったところ、老人は「まあ、こんなこともありますよ」といって特別うれしそうでもなかった。

やがて馬好きの老人の子どもが、この駿馬《しゅんめ》に乗って遊んでいたところ、誤って落馬し身体が不自由になってしまった。「これはまた気の毒なことをしましたね」と近所の人が見舞いをいうと、老人はこのときも「まあ、こんなこともありますよ」と、特別嘆き悲しむこともなかった。

しばらくたったあと、隣国との間で戦争が起こり、国中の若者が徴兵されて戦場へいった。その戦いは激しく、出征兵士のうち十分の九までもが戦死した。だが、この老人の息子は身体が不自由だったことから徴兵を免《まぬか》れ、父母のもとで安全な生活を送ったという。

この話は、「禍福はあざなえる縄のごとし」というように、禍《わざわい》も幸福もつねに廻転している、だからなにが順境でなにが逆境か、時がたってみないと軽々しく判断できない、と博士はいうのだ。

私の座右の書としている佐藤一斎の『言志四録』（拙訳、『［現代語抄訳］言志四録』PHP研究所）のなかにも、

「人の一生には、順境もあれば逆境もある。これは栄枯盛衰《えいこせいすい》の自然の法則で、少しも不思議ではない。しかも、順境・逆境といっても、順境の中にも逆境があり、逆境の中にも順境がある。だから、逆境にあっても不満や自暴自棄の気持ちをおこさず、順境にあっても慢心や怠け心をおこしてはいけない」

というのがある。

現代風にいうなら、「ピンチはチャンス、チャンスはピンチ」というように、そのときどきの乗り越え方、考え方によって、表裏一体、ぐるぐる変わっていくということである。

名声一代に轟《とどろ》き、歴史上の英雄豪傑といわれた人でも、西郷隆盛は弟子たちの義理に絡まれて西南戦争で死んだし、飛ぶ鳥を落とす勢いだった絶頂期の織田信長は家来に殺された。坂本龍馬もこれからというときに暗殺された。

世間から羨《うらや》ましいと思われていた人が、やりすぎたり偉くなりすぎたりしたためにかえって運命を狂わすという例はごまんとあるのだ。となれば、なにが順境でなにが逆境なのか、一概には判断できないのである。

リンカーンは幸せだったか

新渡戸博士がアメリカ大統領リンカーンの例をあげる。

リンカーンは現代のアメリカでも、もっとも人気のある政治家である。当時、その死に対しては、全国民が哀悼《あいとう》の意をささげた。己《おのれ》の志をまっとうしたのだから幸せだったといえるが、考えてみれば不幸な人であったともいえる。

というのも、子どものころはたいへんな貧乏で、着る物も靴もろくに買えなかった。町から遠いところに住んでいたため、満足な教育を受けることもできず、書物さえ買うことができなかった。ワシントンの伝記を借りるために、数里先まで歩いて借りにいったという話が残っている。加えて年少のころに母親を亡くし、継母《ままはは》に養われた。普通の人から見れば、若いころのリンカーンは逆境の人であったのだ。

では、なにがリンカーンを大統領の地位まで昇らせたのか。それはそうした境遇にも負けない、彼の利発さと前向きの明るさではなかったのか、と博士はいう。その証拠に彼は、逆境にもめげずユーモアがあり、ゆったりとした性格であった。

リンカーンは大統領となり、誰からも憧れの存在と見られたが、その閣僚のなかには、リンカーンのいうことを聞かない人もたくさんいた。スワードという人は学問もあり家柄もよく、当時名望のあった人だが、彼はリンカーンとはつねに対立していた。陸軍大臣のスタントンという人物は横柄《おうへい》で無礼な男で、南北戦争中、戦場の報告がきてもリンカーンに隠して、自分で勝手に命令を出したりしていた。

国民の誰もが羨む大統領といっても、実際のリンカーンは国家と国民の安否を思い、政敵らと闘いながら夜も眠れない日々を過ごしていたのである。

だが、それでもリンカーンは国民の前では、威風堂々、その逆境を感じさせず、仲間たちの間ではおどけた話をしてみんなを笑わせていたのだ。これは順境であろうか、逆境であろうか、と博士は問う。

こうした話は日本にもたくさんある。薪《まき》を背負って貧しき家庭を支えた二宮尊徳（金次郎）しかり、食べる物がなくて隣の豆腐屋から「おから」をもらって勉強し、のちに大学者となった荻生《おぎゅう》徂徠《そらい》しかり、福沢諭吉にいたっては緒方洪庵《おがたこうあん》塾にいる間じゅう、寝具がなかったという。

みんな貧乏のなかから立ち上がっていったのである。その起爆剤となったものは、誰もが志を貫いた先人たちの伝記を読んでいたことであった。序章で、私は最近の若者たちが伝記を読まなくなったことを嘆いたが、博士も同様のことをいっている。

人は偉くなった人を見て、ただ羨ましがるが、その順境をずっと順境のままで保つための努力を、一方でしていることを忘れてはならない。あの〝黄門様〟の水戸光圀《みとみつくに》が、隠居したあと、春は花、秋は月、冬は雪をのんびりと楽しむ生活を見て、ある人がそれを羨み、「黄門様はいいご身分ですな」といったとき、水戸黄門は筆をとって次の歌を詠んだという。

見ればただ何んの苦もなき水鳥の　足にひまなき我が思いかな

湖面に浮かぶ水鳥は優雅でなんの苦労もないように見えるが、じつは水面下では激しく足を動かしている、という意味である。誰もが羨ましがる順境であっても、その内実はこのように楽ではないのである。

逆境の多くは自分が原因である

新渡戸博士は、このリンカーンの話から、逆境には二つの種類があるという。ひとつは自分自身でつくるもの。すなわち自分で招いた自業自得《じごうじとく》といわれるものだ。いまひとつは宿命といって、みずからの力では免れようがなかったもの。だが、多くの逆境は自分でつくってしまう場合が多いのではないか、と博士は指摘するのである。

たとえば先に、私自身がガンになった話をしたが、あのときもなぜなったかを考えてみれば、不規則な生活と偏食、ストレスが原因だった。もっと日常的な話では、人からご馳走に招かれて、帰ってから風邪を引いたとすると、「アイツが冬の寒空に招くから、こんなことになった」という人がいるように、自分の注意が足りなかったことなど忘れて、人のせいにする。

極端な話になると、自分の素行《そこう》の悪さを、親の躾《しつけ》が悪かったのだとか、先祖の血が悪いのだとか、これまた誰かのせいにする。

とかく人間というものは、自分の責任についてはほとんど省みることなく、ほかの者のせいにしたがるものなのだ。自分は悪くないと考えることで心の安堵《あんど》を求めているからである。これを自己中心的発想という。要するに、わがまま。その例として新渡戸博士は、笑い話のようなたとえ話を紹介する。

甲と乙の二人が共同で羊を百匹飼っていた。あるとき甲が牧場から羊を連れて帰ると、一匹が死んでしまった。すると乙は甲に向かって、「お前が悪い草を食べさせたからだ。お前の責任だ」と非難した。すると甲は、「いや、死はその日に起こるということはない。昨日お前が食べさせた草が悪かったのだ」と、互いに罪をなすりあった。

そこで二人は、それぞれ独立して四十九匹ずつ羊を分けて飼い、あまった一匹だけ共同で飼うことにした。

やがて春がきて、羊の毛を刈る季節となった。甲が、「もう時期だから毛を刈ろう」というと、乙は「まだ早い」といった。二人は自分の主張を通して、自分の飼っているぶんだけ、そのとおりにした。が、残る一匹の扱いでまた喧嘩となった。

結局、その羊は甲が半分だけ毛を刈って、乙は刈らないでそのままにしていた。すると翌日、その羊が死んでしまった。乙は、「お前が半分だけ毛を刈ったので、風邪を引いてしまったのが原因だ」といい、甲は、「お前が毛を刈らなかったぶんだけ重さが片寄って、それで体調を崩して死んだんだ」といって、ついには裁判にまでなってしまったという。

まったくバカげた話と読者も笑うであろうが、世間にはそれくらい人のせいにしたがる人がいるということである。道で転んだ人は、こんな悪路にしておくのがよくないと行政に文句をいい、タバコを吸ってガンになった人びとが集まって、タバコ会社が悪いと訴えたこともあった。

現にアメリカは訴訟社会なので、たとえ交通事故にあっても階段で転んでも、自分の非はいっさい認めず、相手の責任だけを追及する。今日の日本もアメリカ社会に近づきつつあるが、こんな社会が健全な社会といえるのだろうか、と私は思うのだが……。

逆境を好転させる発想はこんなにある

ところで、自分で逆境だと思っている人にはいくつかの傾向が見られる、と博士はいう。

その第一は、「ヤケになりやすい」ということだ。

たとえば、こんな話だ。定期異動で地方に左遷《させん》された人がいた。その人は、「なんで俺が地方行きなのか、俺はがんばっていたのに」と上司や会社に不満をもらし、転勤先ではまったく仕事のやる気をなくしてしまった。そんな日が続いたあと、飲酒運転で事故を起こして解雇されたという。

だいたいヤケになる人は、性格上短慮な人が多い、と博士はいう。地方転勤なら地方転勤のよさがあるのだから、すこし先を見て、再起を期する勉強でもすればいいものを、ただ毎日、不平不満をもらしている。天風先生もいうように、不平不満は〝世迷《よま》い言〟。これでは好転しない。

そこでと、博士の郷土の先輩であった後藤新平から聞いた話として、勝海舟の逸話《いつわ》を述べる。

後藤はもともと医者だったので、それを知っていた勝海舟は、

「きみには医者の心得があるのだから、首の筋肉作用は知っていようが、知らないヤツが多いな。首を縦と横に動かすくらいは知っているが、なにか起こったときには、ちょいと首を伸ばして向こうを見通すことができない者が多いよ」

といったという。つまり、目先のことだけにとらわれないで首を伸ばして先を見ろ、

という教えである。

広田弘毅《こうき》という元首相が外交官時代、一時左遷されていたときに読んだ戯《ざ》れ句がある。「風車　風が吹くまで　昼寝かな」。これくらいの余裕を持ってほしいものだ。

第二の特徴は、「他人の好意を羨みやすい」ということである。この点については、新渡戸博士が体験談を話す。

博士のところに郷里から老婦人がやってきた。東京見物や芝居見物をさせたあと、鎌倉、江の島を見せてやろうと思ったところ、老婦人は、

「郷里には老人が待っていますので見合わせます」

との返事。

「そんなことといわないでせっかくきたのだから、いこうじゃないか。土産話でももって帰れば老人も喜ぶであろう」

と博士がいうと、

「いや、私だけあまり楽しい思いをすると、年取った老人を置き去りにしてと怒られますから」

と答えて、ついに見ずに帰ったという。

逆境にある人は、自分が憂鬱な日々を過ごしているだけに、他人が楽しいことをすると、羨ましがる感情が人一倍強くなるらしい。宮沢賢治は「人の喜びを我が喜びとする」といったが、不遇にある人は、なぜアイツらだけがと人の好意ですら、羨む対象になるのである。

第三の特徴は、「他人を怨みやすい」ということである。この怨み（怨望）については前章でもふれたが、博士はもうすこし軽い例を取り上げている。

あるとき、博士のところに就職を頼みにきた男がいた。その男は博士に、「某氏は不親切な男だ。できるはずの就職が、彼のお陰でダメになった」というので、その顚末《てんまつ》を聞くと、こんな話をしたのである。

彼はいろいろな事情があって、いままで何度か会社を変わっていた。しかし、今度こそと決心し、その某氏に就職の世話をしてもらった。某氏はそれを承諾し、ある会社を紹介してくれた。ところが、その会社は不景気の折りでもあり、新たな採用はできないと断わってきた。

すると彼は、自分がその会社に就職できなかったのは、いままで自分がひとつの会社に落ち着かなかったことを、某氏が先方の会社にわざわざ明らかにしたためであると疑って、某氏を深く怨むようになった、というのである。

これは就職を断わられたことによる「逆恨《さかうら》み」である。某氏が彼の経歴を相手側の会社に話すのは、紹介者としては当然のことである。長年こうした不遇の身にあると、心が陰気になり、ひねくれてしまう。素直な見方ができなくなって、人の善意や好意すらも怨むようになるものなのだ、と博士はいう。

これまで述べてきたように、修養を積むとは、この心を素直にさせ、公平公正な物の見方をつけさせるためであるが、不遇になるとその心さえ負けてしまうのである。だから新渡戸博士は、逆境に陥った理由を謙虚に自分に求め、そうなったのは自分の責任であると思わないかぎり、逆境からの脱出はないと忠告するのだ。

すべては考え方しだいで順境になる

たとえ逆境といわれる状況でも、その考え方、過ごし方ひとつで順境に好転させた例を述べる。

じつは私自身の話であるが、私は五十五歳で大腸ガンを患う前に、四十歳のとき、その前哨戦《ぜんしょうせん》ともいうべき〝胃潰瘍〟で半月ほど入院した。当時はまだガンの告知義務がなく、医者と家族は私のショックを気づかって、胃潰瘍といっていたのだが、要するに初期の悪性ポリープができていたのだ。

当時、私は創設されたばかりの情報会社から請われて社長業の激務をこなしていた。仕事の面ではそれこそ順風満帆《まんぱん》、つまり順境だったのだが、自分が考えもしなかった健康面で逆境に陥ったのだ。

私の入院生活は、予期せぬ空白の時間を持て余し、初期ガンとは知らないので、退屈な毎日だった。そこで部下に、これまで読めなかった数冊の本を私の書架から持ってこさせた。そのなかの一冊に、スイスの哲学者でカール・ヒルティという人が書いた『幸福論』という本があった。そして、次のくだりが私の心を捕らえ、私の「読書ノート」のなかに記されている。それはこんな文章だ。

「今日のあまりにも多忙な多くの人たちにとっては、きわめて必要な閑暇《かんか》、完全な休養、過去や未来を落ち着いて見直すこと、人生の真の宝についての正しい認識、かずかずのよき思想、自分の持っている一切のものに対する感謝などは、ただ病気のときにのみ与えられる。これらのものは総じて、つねに健康であれば、ちゃんとした立派な人々からでさえ、ともすると失われがちである。病気のおかげで、人生最大の喜びの一つである病気の快癒《かいゆ》と、生命の新しき充実の満足感とを味わうことができる」（ヒルティ著、草間平作訳『幸福論』第三部、岩波文庫）

まさしくそのとおりだった。私はこのとき初めて健康の大切さを知り、来《こ》し方行く末をゆっくり考える時間が持てた。ある意味では、この空白の時間は神から与えられたプレゼントだと思えたのだ。

そしてさらに中村天風を読み、畏敬《いけい》する安岡正篤《まさひろ》などの本を読んだ。いずれも心を鍛えるための本である。天風先生については先にふれたので、ここでは安岡正篤の『経世瑣言《さげん》』から学んだことを紹介する。安岡はこの本のなかで、平生の〝精神修養法〟として、次の三原則を説いていた。

一、心に喜神を持つこと。

二、感謝の念を持つこと。

三、陰徳を積むこと。

意訳すると、こうなる。

一は、どんなに苦しいことがあっても、心のなかに喜神を持っていると生き方が違ってくる。要するに、われわれは人からそしられ、批判されたりすると、怒ったり恨んだりするが、その批判は自分を反省するいい材料であると思えば、錬磨のきっかけになる、というのだ。病気ですら、なにかを与えるためにそうさせたのだと喜べ、と。

二は、何事もありがたいと思う心をつくれ。たとえ貧乏しようとも、大病を患おうとも、「いま自分は神によって鍛えられているのだ」という感謝の念を持てれば最高級の人物になれる、と。

三は、人が見ていようといまいと、つねにいいことを心がけて実行しろ。どんなに些《さ》細《さい》なことでもよい。そうすると心はおのずから楽しくなる。これは修行だと思え、と。

あるいはまた、〝国民の教師〟と呼ばれた森信三の『修身教授録』（致知出版社）からは、「身に起こることはすべて最善観である」と教わった。これは安岡の「喜神・感謝」と同じことである。どんなに逆境だと思えても、それは天が与えたもっとも善きことと思って、全運命を感謝して受けとめよ、と。

私は最初の病気のとき、つれづれなるままに読んだこれらの本が、その後の人生を変えたと、いまでは確信している。というのも、五十五歳のときの大腸ガンで死線をさまよう闘いになったときでも、これらの言葉で救われたのだ。もし、「最善観」や「喜神を持つ」という考え方を知らなかったら、「なぜ、俺だけがこんな病気にかかるのだ」と、それこそ自暴自棄になっていたことだろう。だが、私は自業自得だったと素直に反省し、生かされた命だったことに感謝した。

こう考えられたのも、初期の入院のあと、人生に対する考え方を変え、いまだ修行中ではあるが、以前からくらべればかなりの修養を積んだと思っているし、なによりも天風先生の「人生は心ひとつの置きどころ」が呪文のごとく染み込んでいるからである。それゆえに、二回目のガンのときも落ち込まなくてすんだのである。

いずれにしても、これらの教えは、何事が起きようとも、人生を肯定的にとらえ、愚痴をいわず、運命を呪わず、人を咎《とが》めず、「すべて善きこと」として受けとめて立つという積極的な生き方である。

これさえ自覚していれば、逆境など人生の肥やしとして悠然と対処できるというものだ。これはいまの私の実感である。いわばあの逆境（初期の入院）が、今日の順境へと変えてくれたのである。

「調子のいいとき」ほど気をつけよ

前述した私の例でもわかるように、順境と逆境は紙一重。「極楽は地獄のはじまり」「油断大敵」との言葉もあるように、じつは逆境よりも、いかに順境を保つか、そのほうがよほどたいへんなのである。

人はすべてがうまくいっている間は、いけいけドンドンと前ばかり見て進んでいる。しかし人間の生死だって、「死は前からは来《きた》らず、つねに後ろから迫れり」(『徒然草』)との言葉もあるように、元気な人が心筋梗塞などでポックリ死んでしまうということは非常に多い。順調だといって多角経営に乗り出したら、それが裏目に出て会社が傾いたといった話なども、日常の出来事だ。

そこで新渡戸博士は、順境のときほど気をつけなければならないとして、「五つの注意」というのを掲げている。

一、順境の人は傲慢《ごうまん》になりやすい。

人にほめられると、いままではそれほどでもなかった者が、いわゆる天狗になって増長する。部下が失敗すると、これみよがしに怒ったり、威張り出す。このような態度の人は昨日まで不遇を味わい、卑屈だった心が逆に自信をつけ、傲慢になるからだ。〝成金〟といわれるにわか金持ちが豪邸を造ったり、高級車を乗りまわすのも同類である。

二、順境の人は仕事を怠りやすい。

私の知っている若い東大卒の編集者は、「お前はほんとうに東大を出たのか」と疑いたくなるほど物を知らない。二流、三流といわれる大卒者のほうがまだ勉強している。

この差はなんなのかと考えると、どうも東大卒の彼は「東大に受かった」という時点で、それまでの猛烈な受験勉強の反動からか、大学では遊んでばかりいたという。その点、二流、三流からきた連中は、大学時代から出版社を目指すという目標を立て、それなりの勉強を積んできたので、知識も教養も豊富なのである。となると、一流がよかったのか二流がよかったのかわからなくなる。

「第二志望の人生は成功する」という話がある。第二志望の大学や会社に入った者は、第一志望の奴らに負けてなるものかと、まだ上があることを意識してがんばるが、第一志望に入ってしまうと、もうこれで充分と安心しきって、それ以後あまり勉強もしなくなり、仕事も怠けるようになっていくのだという。ここでも逆境をバネにした者のほうが伸びていくのである。何事も満足しきったら、そこで終わりなのである。

三、順境の人は恩を忘れてしまう。

私の友人の話だが、生活に困窮していた男が、「この御恩は一生忘れませんから、どうかお金を貸してください」と平身低頭でお金を借りにきた。友人が無理算段して調達してやると、最初のころこそ盆暮れの挨拶が届いたが、やがて順調にいきだすと、その男は挨拶どころか、会ってもこそこそ逃げまわる始末。昔の不遇の時代を知っているこちらを煙たい存在と思うようになるらしい。彼にとっては恩が仇《あだ》になってしまったのだ。

あるいは、就職を斡旋《あっせん》してもらった場合でも、いったん会社に入って出世してしまうと、紹介状を書いてもらったことなどすっかり忘れて、自分一人で偉くなったと思ってしまう人もいる。

これは反対のケースもあって、ある人が有名になると、「あいつを育てたのは俺だ」

という人がいつのまにか何人も増えていることがある。これは「恩の押し売り」といって、裏返しの真理である。いずれにしろ、われわれは一人で大きくなったわけではないので、必ずどこかに〝恩人〟という人はいる。そうした人に対して恩を忘れないのが動物と人間の違いなのである。

元来、人は他人が自分のためにしてくれたことは低く評価し、人のためにしたことは過大に評価するものである。平たくいうなら、奢《おご》ってあげたことは覚えているが、奢られたことは忘れるように、である。

四、順境の人は不平不満家になりやすい。

一見、先の例と矛盾するようだが、博士はこの例をフランス革命で説明する。

一般にわれわれは、フランス革命が起きたのは、国民が困窮して爆発したからだと思っているが、実際のところは、国民がいちばん困窮していたのは革命の起こる以前のことで、革命のころは生活も徐々によくなり、教育も進み、産業も発達しつつあったのだという。こういうときに革命は起こるのである。

つまり、国民にすこしばかり余裕ができて、道理もわかってくると、それが不平不満となって革命が起こったのだ、と博士は指摘する。ほんとうに苛烈《かれつ》な政治が敷かれ、明日食う物もないという状態では、革命を起こす余裕などないだろうというのだ。

人間というのは、ほんとうに逆境になったら、自分のことで精いっぱいで社会のことや政治のことなど考えられない。不平不満や愚痴はいうだろうが、行動する気力などないものだ。それが、すこし順境に向かい出すと、さらに上を望み、過剰な権利を主張しはじめるのである。

五、順境の人は調子に乗りやすい。

これは前に述べたことと関連しているが、順境にあって不平不満を唱えるのは、まだ消極的なほうだ。それが一歩進むと積極的になって、調子づいてくる。しなくてもいいことをしてしまったり、してはならないことに手を出してしまう。順調にいっているがゆえに、人生や社会を甘く見て、軽率《けいそつ》に事を企てて失敗する。ことに少壮の実業家に多い、と博士は見ている。逆境時代は細心に事を運んでいたのが、調子に乗って大胆になり、勢いだけで突き進むのだ。

私の経験でも、この人物ならと役員に推薦したら、もう天下を獲ったように横柄になり、人の意見も聞かなくなった男がいる。そこまではまだ許せるとしても、挙げ句の果ては、女子社員へのセクハラ問題を起こし、会社を辞める羽目になった。「勝って兜《かぶと》の緒《お》を締めよ」とは昔の格言だが、好事魔多しである。

以上のように、逆境から順境に転じると、今度はこうした〝落とし穴〟が待っていることを肝に銘じておかなければならない。

順境は持続させるほうが難しい

ではそこで、順境を順境として長く保つためにはどうすればいいのか。

新渡戸博士がその心得として第一にあげているのが、さきほどの水戸黄門の歌にもあった、足を暇なく動かす水鳥の姿である。傍目《はため》から見ると水鳥は優雅に泳いでいるようだが、水面下では必死に足を動かしているのである。順境であれば順境であるほど、わがまま勝手に振る舞うのではなく、いっそうの努力が必要となってくるのである。

なぜなら、仕事が順調にいって名声が上がれば、それにともなう責任が増し、さらに上がれば、さらに責任が増す。傍観者にはなんの苦もなく過ごしているように見えるが、それは実状を知らないからである。

博士の父親は、幕末維新のころ、南部藩の留守居役をやっていた。留守居役というのは今日でいう外交官のようなもので、藩の代表として京都あるいは江戸に駐在し、他藩や幕府との折衝《せっしょう》にあたる役目である。維新前後のことでもあり、情報は藩の運命を左右する。そのため毎日のように花柳《かりゅう》界に出入りし、宴会をしながら、その状況を探らなければならなかった。

端から見ていると毎日、芸者をあげて酒を飲むのが仕事のようで、それを羨ましく思う人もいた。だが、父親は、

「こんな苦しい役はない。自分はバカな真似をして、人を油断させ、酔わなくても酔ったふりをして、いやな酒も飲まなければならないし、無理に飲んでほんとうに酔ったら、それが最期である。こんな心の許せない役目はない」

と、いっていたという。まさに〝足に暇なき水鳥〟の姿である。つねに人は外側から見て順境だというが、順境には順境の苦労がともなうのである。

いや、もしかしたら順境を持続させるほうが難しいかもしれない。いかに順風だといっても船頭は風にすべてをまかせているわけではない。たくみに舵を取って順風に乗っ

ているにすぎないのだ。その例として博士は明治天皇の御製《ぎょせい》を披露する。

波風の静かなる日も船人は　舵に心を許さざるらむ

要するに、順境だの逆境だのといっているのは、その実状を知らない人が勝手にいっているだけであって、結局は、順境か逆境かは自分の心が決めるものである。だから、それを順境にするも逆境にするも、自分の心がけしだいでどうにもなるということだ。これが新渡戸博士の結論である。

人生の成功とか不成功とかも、古人がいうように「功成り行ない満ちた人でも、その末路を見なければなんともいえない」というように、その判断は死ぬときまでわからないということなのだ。となると、やはりすべては「心ひとつの置きどころ」ということか。これが修養の極意である。

終章

「幸福とはなにをいうのか」

人生の目的は幸福になること

前章までの原稿を書き終えたあと、若い人に講演する機会があったので、本文の「修養論」を述べた。すると、三十代前半のサラリーマン男性から、こんな質問が出た。

「わたしはいつも幸福になろうと、真面目に一生懸命働いていますが、実感としてそれを感じたことはありません。そもそも先生がおっしゃるような修養を積んで、ほんとうに幸福などくるのでしょうか。日本は世界有数の経済大国となり、外国にもカネをばらまいていますが、わたし自身はいつもカネに追われ、仕事に追われ、幸福だと思ったことがありません」

最近は格差社会とかいわれ、たしかに貧富の差が生じている。だから儲かっている人もいるのであろうが、豊かな生活をしているのはいまだ少数派であろう。その証拠に、普通のサラリーマンに「あなたは豊かさの実感がありますか」と聞けば、多くの人は「ノー」と答えるだろう。

それは高い税金を払い、住宅ローンに追われ、子どもの教育費に四苦八苦し、世界一の物価高のなかで〝消費生活〟に追われているからである。もし家族が一人でも病気がちになると、福祉行政もままならない世の中とあっては、一挙に生活が困窮してしまう、というのが現実だからである。

そのために多くの人は、すこしでも金持ちになりたい、すこしでも豊かな生活をしたいとの一心で、あの通勤地獄にもガマンし、家族との団欒《だんらん》を味わうヒマもなく、ただ馬車馬のように働いて、必死に〝生活〟を守っているというのがほんとうのところである。

それゆえに、「オレの人生はなんだったのか。生活苦と闘うために生まれてきたのではないか」と、先の質問者のように悲観的に思ってしまうのも当然かもしれない。そうした現状のなかでも、「修養を積んだことで幸福になれるのか」と問うのである。

賢明な読者なら、すでにこの答えは本文で述べているのでおわかりだろうが、「なれる」のである。

いま一度思い出してもらいたいが、新渡戸博士は修養の目的をこう語ったはずだ。

「功名富貴《こうみょうふうき》は修養の目的とすべきものでない。みずから省みていさぎよしとし、いかに貧乏しても、心のうちには満足し、いかに誹謗《ひぼう》を受けても、みずから楽しみ、いかに逆境に陥《おちい》っても、そのうちに幸福を感じ、感謝の念をもって世を渡ろうとする。それが、僕のここに説かんとする修養法の目的である」

博士がはっきりといっているように、修養の目的は金持ちになるとか出世することにあるのではない。修養を積んだ結果として、金持ちになったり出世したりすることがあったとしても、それは結果であり、本来の修養の目的は「幸福になること」なのである。

人がこの世で生きるということは、決して金持ちになったり立身出世をしたりすることではない。お金や立身出世が幸福をもたらすことも事実であるが、それは幸福になる手段であって目的ではない。人生の目的は幸福に生きることにあるのだ。

したがって、先の質問者のような問いかけをしている人は、一生、幸福など味わうことはできないのである。なぜなら、その人は根本的なところで、幸福の本質というものをはき違えているからである。

では、幸福とはなにをいうのか。

橘曙覧と石川啄木

具体的に話を進めるために、二人の歌人の例をあげる。その一人は幕末の歌人、橘《たちばな》曙覧《あけみ》という人である。それほど有名ではないが、知る人ぞ知る人物で、〝清貧の歌人〟といわれた人である。私はこの人が好きで、神一行《じんいっこう》著として『「たのしみ」な生き方　歌人・橘曙覧の生活法』（角川文庫）を出したことがある。その彼の『独楽吟《どくらくぎん》』という歌集のなかに、こんな歌が残されている。

たのしみはまれに魚煮て児等《こら》みなが　うましうましといひて食ふ時

たのしみは朝起きいでて昨日まで　無かりし花の咲ける見る時

たのしみは心おかぬ友どちと　笑ひかたりて腹をよるとき

たのしみは珍しき書人にかり　始め一ひらひらげたる時

どれもみな貧しい生活のなかで、生きる喜びの一瞬を詠んだものである。この晴れやかな心持ちはどうだろう。読めば読むほどその情景が目に浮かび、ほのぼのとした幸せが心に染み込んでくるではないか。貧乏でありながらも、まったく暗さがないのである。

そしてもう一人は、天才歌人として慕われている石川啄木である。啄木も貧乏という点では曙覧と同様であったが、その歌にはこんなものがある。

はたらけどはたらけど猶わが生活《くらし》　楽にならざりぢつと手を見る

友がみなわれよりえらく見ゆる日よ　花を買ひ来て妻としたしむ

わがこころけふもひそかに泣かむとす　友みな己が道をあゆめり

いずれも啄木の代表的な歌であり、この悲哀に満ちた心情こそ啄木の真骨頂《しんこっちょう》である。だからこそ人びとは、その心情を自分に照らし合わせて、わが胸を揺さぶられるのである。

同じ貧しい生活のなかで啄木はその暗さを歌いあげ、曙覧は喜びを見つける。文学的価値はさておいて、この差はどこから生じるのであろう。いうまでもなく、その人の性格や人柄がこの差を産み出したのである。

別の言葉にいいかえれば、それは「幸福」に対する視点、あるいは価値観の違いといってよい。啄木は自分の才能が世に受け容れられない不満を歌に託し、つねに「友」と比較して自分の不遇を嘆いた。自分はこんなに努力しているのに世間の人は認めてくれない。そればかりか、友だちはみんなそれぞれの道で出世していく。どうして自分だけが不幸なのかと……。

だが、曙覧の歌には、どの歌をとっても名声を得ようとか、他人と幸福をくらべようとかの発想はない。あるがままの状態をあるがままに歌い、そのあるがままを楽しんでいる。だから、世に対する不満も愚痴もない。そして、これらの歌でもっとも大切なことは、今日のわれわれが忘れてしまった〝幸福の原点〟といったものを、教えてくれていることである。

豊饒《ほうじょう》たる生活に慣れてしまった現代人の目から見れば、曙覧の歌はなんとなく貧乏くさいと思うかもしれない。だが、そう思う人は現代社会のぜいたくに毒されている人で、ある意味ではほんとうの幸福がなんであるかを知らない人ともいえる。

たしかに豊かであることは幸福の条件のひとつではあるが、ものが豊かになったからといって、私たちはほんとうの幸福を得たであろうか。やはりそこに精神的な豊かさがともなわなければ、人間は決して幸福にはなれないのではないか。

「もう充分」か「もっともっと」か

では、幸福とはどのような状態をいうのであろうか。

よくよく考えてみれば、それはいつも心が穏やかで、笑いのある生活ということに帰結する。心配事や不平不満があれば人は穏やかには笑えない。だから不平不満や悩み事があれば、どんなに物質的に豊かになっても幸福とはいえないだろう。逆に、どんなに貧しい生活であっても、心が満たされていて笑いがあれば、それは幸福の状態なのである。

私は先の質問をしたサラリーマンを「こういう人は一生幸福にはなれないだろう」と断言した。なぜなら、その人は根本的なところで幸福の本質というものをはき違えているからだ。要するに、このサラリーマンの幸福観は石川啄木と同じものである。他人とくらべて幸不幸を論じ、不平不満を並べていたら、決して幸福など生まれてこないからである。

この不満はどこから生じるのか。自分自身の心である。心がさらなる欲望を求めているために「満足」していないのである。

本文で引用した中村天風は、幸不幸を決めるのは「心ひとつの置きどころ」と教えてくれた。その意味するところは、何事も不幸と思えば不幸、幸福と思えば幸福、要は心の持ち方しだいである、というものだった。

簡単な話、ここにコップがあり、水が半分入っているとする。それを見て、ある人は「もう半分しかない」といい、別の人は「まだ半分も残っている」という。もう半分しかないというのは不満の心であり、まだ半分もあるというのは余裕の心である。当然、幸福は余裕のある人のほうに訪れる。それは心が陽気であるからだ。

もうすこし別の例で考えてみる。たとえば、幸福になりたい、金持ちになりたいと願った人が、努力して百人以上の従業員を抱える会社の社長となった。地位もでき財産もできて、世間的にも満足できる生活を得た。

そんなある日、路上でばったり、大学時代の同級生と会った。その人は自慢げに、

「俺はいまこんな会社を経営していてね」

と、名刺を差し出した。

「そう、よかったじゃないか。じつは僕もこんな会社をやっているんだよ」

と、相手も名刺をくれた。そこには大手有名会社の社長の肩書きが刷ってあった。その夜、その人は悶々《もんもん》として眠れなかったという。

なぜその人は眠れなかったのか。いうまでもない。彼は友人に嫉妬したのである。なぜ嫉妬したのか。それは彼が幸福の価値観を、「金持ちになりたい」「地位や名誉がほしい」といった外見的な欲望に置いていて、それと比較したからである。

こうした「地位」「財産」「名誉」といった目に見える即物的な幸福観は、一見すると幸せを与えてくれているように思えるが、それらはつねに他者と比較した相対的なもの

なので、それ以上のものが登場したときには逆に不幸のタネとなってしまうのである。もし彼が修養を積んで、幸福に対する絶対的な価値観を持っていれば嫉妬などしないですんだのである。

では、絶対的な幸福観とはなにか。

一言でいえば、「わたしはこれで充分である」という「知足心」である。すでにこの話はラーメン屋のおばさんのところで述べたことだが、別言するなら、いい意味での「自己満足」といってもよい。不幸の始まりは人と比較することにある、といわれるように、隣の芝生はよく見えるものである。だから、「もう充分」という知足心さえあれば、人はどのような状態でも幸福を味わうことはできるのだ。

だが逆に、この絶対的幸福観を持っていない人は、いかに金持ちになろうと、いかに出世しようと、「もっともっと」という欲望に追い立てられて、決して心は満足できず、不平不満の人生となるのだ。不平不満のある人は決して幸福にはなれないのである。

鷗外の『高瀬舟』が教える知足の心

幸福とはなんだろう。そういうことを考えるとき、いつも私が例に引く物語がある。森鷗外の名作『高瀬舟』である。参考のために、すこし長くなるがその粗筋《あらすじ》を簡単に述べておこう。

――京都町奉行所の同心に庄兵衛という男がいた。彼は高瀬舟に乗って罪人を島に護送するのが役目であった。

ある年の桜の季節、ひとりの罪人が乗った。名を喜助という。弟殺しの罪であった。とかく罪人は役人にこびるために哀しみに満ちた神妙な態度を取るものだが、この喜助は違っていて、悪びれた様子も見せなかった。むしろ喜んでいるふうでもあった。庄兵衛にはそれが不思議に思えた。夜も更《ふ》けたころ庄兵衛は聞いてみた。

「喜助、おまえはなにを考えているのだ。どうも島へ流されるのを哀しんでいないようだが」

「ほかの人にとっては哀しいことでしょうが、それはこの世で楽をした人のことで、私のように、どこへいっても除《の》け者にされる身では、一定のところで暮らせるなどありがたいことでございます」

そこまでいうと喜助は、懐から二百文入りの袋を出した。その金は遠い島に流される罪人に奉行所から与えられたものだった。

「おはずかしい話ですが、私は今日まで二百文という金を、こうして懐に入れたのははじめてのことです。そのうえ、お上は島に着けば食べ物と仕事をくださるというじゃありませんか。哀しいどころかうれしいのです」

それを聞いて庄兵衛は心のなかでうなった。なるほど道理である。俺などは毎月、きちんと扶持米《ふちまい》をもらって生活は安定しているはずだが、七人の家族をかかえて借金に追われ、不平不満の毎日だ。だが、その俺より下等な人間だと思っていた喜助は、いま島流しになることを喜んでいる。これはどうしたことなのか……。俺が独り身であったとしても、いまの喜助のように考えられるだろうか。

庄兵衛は、あらためて喜助の顔をのぞいた。そこには月明かりに照らされた喜助の顔があり、頭から毫光《ごうこう》がさすように思われた。

このあと小説は安楽死の問題に入るのだが、私がいいたいのは、喜助と庄兵衛との幸福観に対する違いだ。喜助は島流しにされる罪人。庄兵衛は特権階級の武士。身分のうえからは雲泥の差といってよい。ところが、だんだん会話を重ねていくうちに、庄兵衛は不満ばかりを並べている自分に気づき、喜助の頭から毫光がさすのを感じるのである。

つまり庄兵衛は、はるかに恵まれた生活をしながら、その日常生活に満足していないばかりか、世を恨んで不幸だと思って暮らしている。だが、喜助は、最下層の生活を送っていながら幸福を感じている。この幸福観の違いが、庄兵衛と喜助の立場を逆転させてしまったのである。これこそ、幸福とは「心ひとつの置きどころ」ということなのである。

分相応に生きる

あるいは、こんな話はどうだろう。

宮廷での窮屈な生活に嫌気がさした王様が、あるときこっそり城を抜け出して町に出てみた。すると街角で一人の乞食《こじき》を見つけた。乞食は春のやわらかな日射しのなかで、のんびりとうたた寝をしていた。それを見て王様が思う。

「ああ、一度でいいから、私も誰にも邪魔されずに、こんなのんびりとした暮らしがしたいものだ」

眼を覚ました乞食も、目の前にいる王様を見て思った。

「ああ、俺も一度でいいから、王様となって宮殿に住み、腹いっぱいのご馳走を食ってみたいものだ」

そこで二人は衣装を交換して、王様は乞食に、乞食は王様になった。翌日、二人はふたたび街角にもどってきて、同時にいった。

「とんでもない生活だった。あんな生活は二度とゴメンだ」と。

どうしてこんな結果になったのか。要するに、たんなる理性で「どっちが得か」を考えれば、王様の生活のほうが幸福そうに見える。だから乞食も、その生活を望んだ。だが一日で懲《こ》りた。気難しい礼儀作法、繁雑な仕事、体面ばかりを取り繕う宮廷生活が自分に合わなかったのだ。

一方、王様がのんびりと自由でいいと思った乞食の生活だったが、その日の食事の心配から始まり、夜は夜で寒くて寝ていられない。ともに自分に合わなかったのである。これを「分不相応」という。

私は長年、企業セミナーなどの講師を務めているのでよくわかるのだが、人と会うのが嫌いな人に営業をさせるのは無理だし、身体を動かしているほうが好きだという人に、一日中机に向かっている経理マンの仕事は無理である。

いや、われわれはすでに社会人になる前に自分に似合った多くの選択を経て、現在の仕事に就任しているのである。そして、そのときの選択の基準は、「好きだったから」というものであったはずだ。しかも、人間にはそのうえに努力で得た特技や才能や度量といったものもあり、それらを積み上げて現在の姿となっているのである。

要するに、蟹が自分の甲羅に合った穴を住処《すみか》とするように、人間も自分に見合った分相応の仕事を見つけ、分相応の人生を歩んでいるのである。いうなれば、その分相応こそ幸福の土台であり、それを見極めていくのも修養のひとつなのである。

分相応に生きる。つまり自分に見合った人生を生きる。これは人生を楽しく生きる最上の方策のひとつなのだが、人はつねに他人を意識し、他人がなしうる幸福は自分もなしうるのではないか、とみずからの才能や努力、性格といったものを省みないで、ただ自分勝手の願望だけで突き進む場合が多い。

だが、自分に適合しない人生を歩んで、たとえ名声や地位を得たとしても、そうしたものは未来永劫《えいごう》続くものではない。そこには無理があるからだ。自然でいいのである。自分に見合った生き方を求めればいいのだ。貧しきなかにも幸せはあるし、お金があったとしても悩みはあるのだ。橘曙覧の歌はそれを教えてくれるのである。世俗にとらわれることなく、自分に見合った人生こそいちばん幸福なことだ、と。

邯鄲の夢「人生とはこんなものだ」

では、自分に見合った人生とはなんなのか。そんなものは一生を過ごしてみて初めてわかるものなのではないかと、人生経験の浅い若い人ならとくにそう思うだろう。たしかに、そのとおりだ。若いときは多くの者が有名になりたい、立身出世をしたいと望むものだ。それはそれでいい。だがはたして、それを成し遂げたとして幸福になるだろうか。

そうした疑問に対して、中国の『枕中記《ちんちゅうき》』という小説のなかに、「人生とはこんなものだ」と、その概略を示唆《しさ》したものがある。「邯鄲《かんたん》の夢」とか「一炊《いっすい》の夢」と呼ばれる有名なものだ。一般には簡略化して伝えられているので、ここではなるべく原文にそって記しておこう。

――唐の初め、楊貴妃で名高い玄宗皇帝のころ、呂翁という道士（道学者）が邯鄲という町はずれの田舎宿で休んでいた。そこへ盧生《ろせい》という青年が野良に出かける道すがらに立ち寄って、その老人と世間話をはじめた。青年は自分のみすぼらしい身なりを見つめながら、溜め息まじりに「男と生まれてこう不運じゃやりきれない」といった。老人はそれを聞いて、「見かけるところ、お前さんは身体も丈夫そうだし、さぞかし愉快な人生を過ごしていると思うのに、なにがそんなにつまらないのか」とたずねた。

「いや、こんなことでは、ただ生きているというだけでなにがおもしろいものですか」

「ほう、それではお前さんはどんな人生を送れば満足するのかな」

「私もいっぱしの男だ。手柄を立て、いずれは大将や大臣になってぜいたくもしたいし、家も繁盛させたい。勉強していたころは私もそんな夢を持っていたが、いつのまにやらいい年になって、こうして毎日、野良に出て働いている。まことになさけない話です」

そんなことを話しているうちに青年は無性《むしょう》に眠くなってきた。田舎宿の主人はそのとき黄粱《こうりょう》（大粟《おおあわ》のこと）を炊いて食事の用意をしていた。老人は青年に「眠かったら、この枕を敷くといい。功名富貴、思いのままだ」といって、瓦でできた両端に穴のあいた枕を与えた。それを枕に青年が眠りにつくと、なぜか枕の穴が大きくなって、そこに吸い込まれるように入っていった。

気がついてみると、青年は美人の奥さんをはべらせて、立派な館に住んでいた。奥さんの実家が資産家だったので、なんの不自由もないぜいたくを味わっていたのだ。

その翌年、彼は念願かなって優秀な成績で進士《しんし》（高等官の試験）に受かり、それからはトントン拍子に出世して山西の地方官となった。彼はその任地で数十里にわたる運河をつくり、地元の人びとに大いに尊敬され、頌徳碑《しょうとくひ》まで建ててもらった。それがきっかけで今度は地方長官（知事）に抜擢《ばってき》された。

やがて彼の善政は中央に聞こえることとなり、同時に地方武官のトップである司令官の役もおおせつかった。当時、唐は西蔵軍と戦っており、彼は勇躍して敵の大軍を破り、意気揚々と凱旋《がいせん》した。

ところが、出る杭は打たれるのたとえどおり、彼の活躍は時の権勢家たちからの反感を買い、いわれなき中傷で辺境の地の知事に左遷されてしまった。だが、そこでの三年間、彼は恨むことなく、再び地方官としてよく民政を指導したので、今度は中央政界からお呼びがかかった。

中央に躍り出た彼は人望も手腕もあったので、やがて官僚の最上位である宰相の地位へと昇りつめた。政権を握ること十年、名宰相の呼び声も高かったが、またしても敵対勢力からの中傷を受けた。そして皇帝を転覆させる謀反《むほん》を図ったとの嫌疑で、ある日突然、邸宅のまわりを軍隊に取り囲まれた。昨日に変わるこの有様に、彼はつくづくと世の無常を感じ、わが人生をふりかえってみた。

「考えてみれば、自分の家はもと山東にあって百姓をやっていた。百姓であれば食うにも困らず、わずらわしい人間関係もなく、自然を友としてのんびりと暮らしていた。それなのになぜ、苦労して宮仕えなどする気になったのだろう。宰相の位に昇りつめて喜んだのもほんのわずかで、あとは人の決めたスケジュールのなかで気ぜわしい日々を送っただけだ。願わくば、もう一度粗末な着物でもかまわないから、馬にまたがって、あの邯鄲の町を歩きたいと思うが、いまとなってはそれもできないのか」

と嘆いた。追っ手は家のなかまで入り込み、ついに彼は追いつめられ自殺を図ろうとした。その瞬間、欠伸《あくび》とともに目が覚めた。目の前で呂翁が優しい顔で見つめている。宿屋の主人は相変わらず黄粱を炊いていた。

「ああ夢だったのか……」

青年の青ざめた顔を見て、老人がいった。

「青年よ、人生なんてこんなものだ」

彼はしばらく呆然としていたが、

「なるほど、世の中のことがよくわかりました。これというのも、あなたが私の野心を戒《いまし》めるために、こんなことを……。柄にもなく野望を夢見ていましたが、やはり私はこの地で百姓をやっているのがいちばん似合っているようです」

と、再拝して帰っていった。

年をとらないとわからないこともある

まだ人生途上の若者には、よくできすぎた話と一笑に付されるかもしれない。たしかに、この話を実感をもって理解できるようになるには、ある程度の社会的経験を積み上げ、地位や名誉や、それにまつわるぜいたくといったものを、すこしは体験しなければならないだろう。

なぜなら、地位や名誉やぜいたくを一度も味わったことのない人には、いかにそれらがつまらないものかを語ったところで、「それは味わった人だからいえる言葉だ」と逆襲されるのがオチだからである。

だが、ある程度の出世やぜいたくを味わった人の多くは、この話に同調するはずだ。あの〝剣聖〟といわれた宮本武蔵ですらも、死ぬときに自分の人生をふりかえり、「兵法の道にとりつかれ、無念の思いなしとしない」と書いているように、これでよかったのかと反省しているのである。

もちろん、私は野心ある若い人に向かって、立身栄達が無意味だというつもりはない。できうるならば、より多くの人を幸せにするためにも広い社会に出て出世し、自分の描いた夢を実現されんことを望んでいる。

だがしかし、いつか社会の醜い人間関係に嫌気がさし、塵《ちり》あくたの辛酸をなめ、その夢が破れたとき、この話を思い出してほしいのだ。生きるうえにおいて、心を鬼にして他人を犠牲にしてまでつかんだ栄達と、心穏やかに平々凡々と家族仲良く過ごす人生と、そこにどれほどの価値の差があるのだろうか。そしてまた、どちらが人間的な幸せを得ることができるのであろうか、と。

となると、結局は、自分に適した仕事を営み、自分に適した生活を築き、嘘いつわりのない日々のなかで、親しい仲間たちと陽気に楽しく生きる人のほうが、よりすばらしい人生を過ごしているのではないだろうか。地位も名誉も富貴も大したものではないことが、年をとればとるほどわかってくるのである。逆にいうと、人生、年をとらないと実感としてはわからないのである。

そのためか、昔から立派な学者や作家は、立身出世した人物の歴史評論や人物評論をあまりやらないといわれている。その理由を見事にいいあてた本がある。江戸後期の陽明学者・大塩平八郎の『洗心洞箚記《せんしんどうさつき》』である。

「いったい、古今の英雄豪傑といわれる者は、多くは自分の情欲上の野心から行なっている。わが情欲、野心から行動しているとなれば、どんなに偉い事業をやったとしても、それは要するに夢中の伎倆《ぎりよう》、夢中の腕前にすぎない。本人の夢中の仕事を是非するというようなことは、道を極めている士君子《しくんし》から見れば邪道であり、評価などできないのである。それゆえに史論が少ないのではないか」

なるほど。いかに英雄豪傑となって世に名前を轟《とどろ》かせたとしても、どんなに立身栄達をきわめて財を残したとしても、それは利己的な野心のなせる業である。宮本武蔵もその一人である。

したがって、その動機が「世のため人のために尽くす」という真心からの発心《ほっしん》ではなく、ただ私利私欲の慳貪《けんどん》なる情欲であったとするならば、それは平凡な町中で地蔵菩薩の精神をもって、名もなく貧しく美しく生きている人の足下にもおよばないということなのである。ここのところは、新渡戸博士が「平凡なる非凡」の尊さを教えてくれたのと同じことである。

「幸福」は日常の生活のなかにある

そして、その幸せはどこにあるのかといえば、日常の生活のなかにある。

われわれは常々、宝くじに当たるようなビッグサプライズを期待しているようだが、順境は一転して逆境になり、宝くじに当たったために不幸な人生を送ったという人は意外に多い。

だから、ほんとうの幸福の根源をつきつめていけば、チルチルとミチルの「青い鳥」ではないが、それはつねに身近なところに存在する。家族、友人、仕事といったなかにある平凡な喜びこそ幸福の原点なのである。

陽明学の創始者である王陽明もこういっている。

「人生のこと万変といえども、われわれがこれに応ずるゆえんは、日常のもとなる暮らしの喜怒哀楽のうちを出ない」

つまり、いかに人生、山あり谷ありといっても、つきつめれば日常の暮らしのなかの喜怒哀楽にこそ人生のすべてがある、と唱えているのだ。

まさにそのとおりだ。たとえ大臣になろうとも、たとえ大企業の社長になろうとも、日常の暮らしのもとである家庭が楽しくなければ、それは幸福な生活とはいえないのである。映画の〝寅さん〟がときどき、柴又の〝おいちゃん〟の家に帰ってくるのも、旅の途中の一軒家から家族団欒《だんらん》の笑い声が聞こえてきて、無性に柴又が懐かしくなるためだ。

自由をほしがる者から見れば、寅さんのような自由人はいいなあと思うかもしれないが、やはり寅さんの幸せはあの柴又の一家団欒にあるのである。家族の団欒こそ幸福の原点であり、これは万人に共通する真理なのである。なぜなら、真に一心同体のわが身となって、ともに喜び、ともに泣いてくれるのは、家族がいちばんだからである。

だからこそわれわれは、外でなにかいいことがあったとき、その喜びをいの一番に報《しら》せたいと思うのは、もっとも親しい家族であり、悲しいことがあったときも、「妻としたしむ」と啄木が歌ったように、家族だけには弱音を吐けるのである。それは家族が利害損得を超えた無償の愛で結ばれているからである。

その昔、「ほんとうに喜んでくれる人は味方です」というコマーシャルがあったが、人間は他人の喜びを自分の喜びにすることは意外と難しいものである。たとえば、他人が仕事で失敗したとき、病気になったときなど、「たいへんだなあ、こんなことで負けるなよ」と、同情を示すのは誰にでもできる。これは自分が優位な立場にいるからである。

だが逆に、同輩や、ましてや後輩が自分より先に出世したとき、名声を得たとき、「ほんとうによかったなあ」と心から祝福してあげられる人はそう多くはないだろう。これは嫉妬心がそうさせるのである。だから「他人の不幸は蜜の味」といった、私のもっとも嫌いな言葉が存在するのである。

だが、家族なら、なんの邪念もなく素直に、心から喜べる。それは家族だけが、〝運命共同体〟としての絆《きずな》があるからである。したがって、幸福になりたければ、まずは家族の幸福を築かねばならない。逆にいえば、家族の幸福なくして自分の幸福などないのである。この当たり前のことを忘れてしまった現代人がなんと多いことだろう。

修養とは自分の心を磨くことだが、それは同時に家族の幸せを築き、それを隣人や仲間たちに広げ、ひいては社会や国家まで幸福にするための修行なのである。

●―本書の新渡戸稲造関連の記述は、『自警録』(新渡戸稲造、講談社学術文庫)および『修養』(新渡戸稲造、タチバナ教養文庫)を参考、底本としています。

●―右二冊からの引用文については、読みやすさ、わかりやすさを第一に考え、旧字体は新字体に、旧仮名遣いは新仮名遣いに改めました。また、原文にはない改行を新たに施し、句読点、送りがな、ルビ等についても、適宜、付加・削除したことをお断わりしておきます。

●―現在では不適切とも考えられる表現が一部にありますが、そうした表現が一般的であった当時の時代性に鑑み、原則としてそのままとしました。

【著者略歴】

岬龍一郎（みさき・りゅういちろう）

1946年生まれ。作家・評論家。早稲田大学を経て、情報会社・出版社の役員を歴任。退職後、著述業のかたわら、人材育成のために「人間経営塾」を全国13カ所で主宰。国家公務員・地方公務員幹部研修、大手企業幹部研修などの講師を務め、主に「人の上に立つ者の人間学」を説いている。
著書に『日本人の品格』『中村天風　心を鍛える言葉』（以上、ＰＨＰ文庫）、『いま、なぜ「武士道」か』『内村鑑三の「代表的日本人」を読む』（以上、致知出版社）、『現代帝王《エリート》学講座』（講談社＋α文庫）、編著書に『「仕事」論』（ＰＨＰ研究所）、訳書に『学問のすすめ』『［現代語抄訳］言志四録』（以上、ＰＨＰ研究所）、『武士道』（ＰＨＰ文庫）など多数。

新渡戸稲造の人間道
『自警録』『修養』に学ぶ日々の心得

2007年2月9日　第1版第1刷発行

著　者◎岬龍一郎
発行者◎江口克彦
発行所◎ＰＨＰ研究所
東京本部　〒102-8331　千代田区三番町3番地10
生活文化出版部　☎03-3239-6227（編集）
普及一部　☎03-3239-6233（販売）
京都本部　〒601-8411　京都市南区西九条北ノ内町11
PHP INTERFACE　http://www.php.co.jp/
印刷所◎株式会社精興社
製本所◎株式会社大進堂

ISBN978-4-569-65990-9

PHPの本

「仕事」論
――自分だけの「人生成功の方程式」をつくる

岬龍一郎 編著

『武士道』『言志四録』『老子』……。アインシュタイン、ゲーテ、中村天風……。偉人・達人たちの人生・名言・名著から「人生と仕事」の極意を学ぶ。

定価1,155円
（本体1,100円）
税5%

［現代語抄訳］言志四録

佐藤一斎 著／岬龍一郎 編訳

「江戸」の時代より、サムライつまりリーダーのための書として読みつがれた名著が、現代人向けに抄録、わかりやすい現代語訳で復活。

定価1,260円
（本体1,200円）
税5%

学問のすすめ
――自分の道を自分で切りひらくために

福沢諭吉 著／岬龍一郎 訳

困難な時代こそ自分の力で道を開け。近代化の中で武士道を和魂として昇華し学問の大切さを説いた福沢の代表的名著を読みやすく新訳。

定価1,155円
（本体1,100円）
税5%